CABLES
Y CONDUCTORES
ELÉCTRICOS

Ingeniero Alberto Luis Farina

Egresado de la entonces Escuela Industrial Superior de la Nación General José de San Martín, hoy Instituto Politécnico Superior del mismo nombre de Rosario, inició su carrera laboral en el ámbito fabril como Electrotécnico Nacional.

Luego comienza sus estudios en la Facultad Regional Rosario de la Universidad Tecnológica Nacional, culminándolos cuando recibe el título de Ingeniero Electricista.

Como tal desarrolló su carrera profesional trabajando en los distintos aspectos que hacen a la especialidad pero centrando su accionar en las instalaciones eléctricas destinadas a la fuerza motriz, control e iluminación. Ha realizado trabajos tanto en sistemas de alta, media como en baja tensión, con lo cual se ha convertido a los largo de los años en un experto en este tema. Ha actuado también como perito judicial y consultor; como tal se desempeñó y continúa haciéndolo, a través de los servicios que presta, en las más importantes empresas de nuestro país y del exterior.

Paralelamente a su actuación profesional, ha desarrollado la carrera de docente en la misma Facultad en que se graduó, así como también en colegios técnicos. Es en estos ámbitos por donde transita los distintos cargos docentes y directivos hasta llegar a ser en la actualidad Profesor Titular Ordinario de las siguientes cátedras: Instalaciones Eléctricas y Luminotecnia, Seguridad, Riesgo Eléctrico y Medio Ambiente y de Integración Eléctrica 1, actividad docente que también lo lleva al dictado de conferencias y cursos sobre diversos temas relacionados. También es Docente en la Pontificia Universidad Católica Argentina, Facultad de Química e Ingeniería del Rosario, en la carrera de Ingeniería Industrial y en el posgrado en Higiene y Seguridad.

En cuanto a sus actividades como redactor, se inició como columnista en la editorial Editores SRL, continuando con otras hasta nuestros días, en que Avance Eléctrico e Ingeniería Eléctrica lo cuentan en su staff.

En lo que respecta a libros ha publicado: *Cables y conductores* (2001) y las actualizaciones (2002, 2007, 2008 y 2009) del prestigioso libro *Instalaciones eléctricas* así como la de *Instalaciones de potencia,* cuyo autor es el Prof. Ing. Marcelo Antonio Sobrevila.

ALBERTO L. FARINA

CABLES Y CONDUCTORES ELÉCTRICOS

LIBRERÍA Y EDITORIAL ALSINA

Paraná 137 – (C1017AAC) Buenos Aires
Telefax: (54) (011) 4371-9309 / (54) (011) 4373-2942
info@lealsina.com   www.lealsina.com
ARGENTINA

2011

Diseño de tapa
Loke hay ®

Maquetación y armado de interiores
Gráfica del Parque

ISBN 978-950-553-183-7

Queda hecho el depósito que establece la ley 11.723

Impreso en Argentina

Farina, Alberto L.
   Cables y conductores eléctricos. - 1a ed. - Buenos Aires :
Librería y Editorial Alsina, 2011.
   160 p. ; 23x14 cm.

   ISBN 978-950-553-183-7

   1. Cables. 2. Conductores Eléctricos. I. Título
CDD 621.319 34

ÍNDICE

CAPITULO 1

GENERALIDADES

1.01. INTRODUCCIÓN HISTÓRICA

La historia de la electricidad comenzó con Tales de Mileto, que vivió en los años 600 aC, en Grecia, cuando descubrió las propiedades del ámbar (sustancia que se forma a partir de una resina vegetal). Esta propiedad se denominó magnetismo y era una cuestión mágica sin aplicación práctica, por ese entonces. Pero en el año 1 000 AC un noble de origen chino construyó una primitiva brújula, que se basaba en la propiedad básica del magnetismo. Esta aplicación fue de fundamental importancia para la navegación.

Una interminable lista de hombres y experimentos se sucedieron con los años y los siglos en la intención de conocer los orígenes y las causas de este fenómeno.

De esta manera es que se llega a Inglaterra, donde William Gilbert (1544-1603) atraído por este fenómeno, estudió y experimentó a lo largo de 17 años, luego de los cuales escribió el primer libro que se conoce sobre el magnetismo: **De Magnete**, publicado en el año 1600, y en donde por primera vez se emplea el término "electricidad". Sus estudios, por encargo de la corona británica, estaban destinados al perfeccionamiento de la brújula, elemento esencial para la navegación, con lo que ella representaba para ese reino.

A partir de allí, los experimentos y los estudios se renuevan, continuándose en todo el mundo. Es así que en Londres vivía Stephen Gray (1696-1736), investigador, cuya condición económica, no era muy distinta a los de su profesión. Pero encontró un mecenas que financiaba sus experiencias, y fue en la casa de este, una fría noche de niebla de 1726, que a través de un hilo de 266 metros consiguió transportar una carga eléctrica. Al continuar con sus experimentos, descubre que algunas sustancias pueden conducir las cargas y otras no. A las que no lo hacían las denominó **aisladoras**. Comprobó que las que conducían rodeaban a las que no lo hacían, de modo que la electricidad no tenía interferencias para desplazarse. También aprendió que los metales eran los mejores conductores.

Esta ha sido una muy breve parte de la historia de la energía eléctrica en la que se involucra el tema que desarrollaré en las páginas que siguen.

La conducción de la energía eléctrica es siempre motivo de estudio, por la importancia que tiene y que tendrá, para el hombre y la humanidad en su conjunto.

1.02. LOS CABLES Y LA SEGURIDAD

Resulta algo redundante el explayarse sobre lo que significa la energía eléctrica en la vida del hombre o su calidad de vida en este tipo de publicación, pero inevitablemente es necesario resaltar que ese uso requiere de una condición básica: **seguridad.**

La utilización de la energía eléctrica requiere de instalaciones eléctricas que no solo deben ser eficientes como tales sino que deben reunir condiciones de seguridad. La necesidad de la seguridad en las instalaciones eléctricas se debe a que la acción o manifestaciones de la energía eléctrica pueden acarrear lesiones y hasta la muerte de las personas o la destrucción de sus bienes. Es decir que se necesitan artefactos y equipos (electrodomésticos, luminarias, etc.) así como instalaciones eléctricas que sean lo más seguras posible, ya que resulta difícil predecir de antemano la magnitud o consecuencia de un daño.

Por lo tanto, las instalaciones eléctricas deberán construirse cuando se tenga la certeza de que cumplen con los requisitos que le demandará la carga que se conectará a las mismas, de acuerdo con el ambiente, más allá de las cuestiones enteramente económicas que hacen al trabajo de su provisión o montaje.

Los pilares en que se basa la seguridad son: el empleo de materiales normalizados, el cumplimiento de las reglamentaciones, el control de los proyectos, la idoneidad de quien la ejecuta y sobre todo el control de las obras.

En consecuencia, la utilización de los conductores y cables deberá hacerse cuando se tenga la certeza de que cumplen con los requisitos que le demandará la carga que se conectará mediante ellos.

1.03. LOS CABLES Y EL FUEGO

El resultado numérico de las distintas estadísticas, puede variar de acuerdo a las metodologías empleadas o a otros factores que no se pueden analizar en esta obra, pero son irrefutables en cuanto a que la mayor causa de los orígenes de los incendios está en el sistema eléctrico. La encabezan los motores, les sigue el equipamiento en general y luego los cables. Aunque no es la primera causa de incendio, la electricidad no se puede ignorar a la hora de tener que trabajar con ella, sea en el diseño, en el montaje o en el mantenimiento.

Los cables, cuando se produce un incendio, juegan un rol muy importante, aun cuando no sean la principal causa, porque más allá de propagar la llama, generan gases tóxicos y corrosivos.

La mayor parte de las víctimas de un incendio padecen la inhalación de humos y gases tóxicos y no la exposición directa a la radiación.

Los dos componentes de un incendio, el calor y el humo, tienen diferente grado de peligrosidad para el ser humano. El humo tiene la particularidad de que se propaga rápidamente a zonas alejadas del incendio y tiene un mecanismo de acción extremadamente rápido frente a los organismos vivientes. Por ejemplo. en el caso de la combustión del PVC se desprende ácido clorhídrico.

Es por ello que las fábricas líderes de cables se encuentran trabajando desde hace tiempo en la producción de aislaciones que eviten no solo la propagación de las llamas y del incendio sino también que los gases producto de la combustión no emitan gases opacos y tóxicos.

Figura 1.01 Esquema de los componentes de un fuego

1.04. LOS CABLES Y LA ECOLOGÍA

Los tipos de cables más utilizados son los que emplean PVC en el aislamiento y en las vainas de protección. Este es una mezcla de cloruro de vinilo puro (resina sintética) con plastificante, cargas y estabilizantes (generalmente a base de plomo).

Los estabilizantes a base de plomo (sulfato y ftalato) causan problemas ambientales, ya que contaminan el suelo y las aguas. Su liberación a la atmósfera en forma de gases contribuye a producir el tan pernicioso "efecto invernadero".

En lo que se refiere a la salud de los seres vivos, en especial del ser humano, la presencia del plomo en el organismo produce alteraciones que afectan el sistema nerviosos central, el aparato digestivo y la sangre. Su principal medio de contacto con el cuerpo humano es a través de las vías respiratorias, donde el plomo ingresa en forma de vapores.

La eliminación del plomo de un producto evaluada desde un punto de vista global con relación al impacto ambiental, va más allá de la reducción de un posible riesgo para quienes están vinculados a la producción o manipulación del material.

En este resumido texto, he pretendido hacer llegar los fundamentos técnicos del abandono de aquellos productos que no puedan cumplir con los requerimientos básicos que hacen a la no contaminación del medio ambiente.

Las principales fábricas de cables están produciendo estos cables exentos de plomos y les han dado distintos nombres, que semánticamente hacen referencia a la ecología o a la baja emisión de gases tóxicos.

1.05. UNIDADES RELACIONADAS

Las unidades que se utilizan para expresar las magnitudes, sus símbolos y las cantidades están regidas por el denominado Sistema Métrico Legal Argentino (**SIMELA**).

Las generales que puedan estar relacionadas con los temas que trataremos son las que se enumeran más abajo; para otras magnitudes o parámetros se deberá recurrir al texto completo.

- Tensión: volt [V]
- Corriente: ampere [A]

- Resistencia: ohm [V]
- Capacidad: faradio [F]
- Potencia activa: watt [W]
- Potencia reactiva: volt-ampere-reactivo [VAr]
- Potencia aparente: volt-ampere [VA]
- Energía activa: watt-hora [W-h]
- Energía reactiva: volt-ampere-reactivo-hora [VAr-h]

1.06. MAGNITUDES

Dependiendo del orden de la magnitud, se utilizan los múltiplos y submúltiplos de las unidades para hacer las asignaciones correspondientes:

- Milésimas: mili[m]. Ejemplos: milivolt: mV, miliampere: mA, etc.
- Mil: kilo [k]. Ejemplos: kilovolt: kV, kiloampere kA.
- Un millón: [mega]. Ejemplo: megawatt [MW].
- Diez millones: [giga]. Ejemplo: gigawatt [GW].

1.07. UNIDADES RELACIONADAS CON LOS CABLES Y CONDUCTORES

Las unidades y magnitudes relacionadas directamente con los conductores y cables son las siguientes.

- Secciones: **milímetros cuadrados**
- Diámetros: **milímetros**.
- Longitudes: **kilómetros** o **metros**.
- Peso: **kilogramos por kilómetros**.
- Resistencia y la reactancia: **ohm/kilómetro**, a determinadas condiciones.
- Temperaturas de trabajo o ambientales: **grados centígrados**.

En algunos países, se utilizan otros sistemas de unidades para expresar la sección o diámetros de los cables y conductores como pueden ser: American Wire Gage (AWG) o Mil Circular Mil (MCM) en Estados Unidos o bien: Standard Wire Gage (SWG) en Inglaterra, entre otras. Ver Anexo 2.

En situación parecida se encuentran las temperaturas (grados Kelvin), las longitudes (pie, millas, etc.) y los pesos (libra).

1.08. CANALIZACIÓN ELÉCTRICA

Cuando se debe conducir una corriente eléctrica con la tecnología actual, es necesario un **conductor**, pero para que la misma pueda llegar a donde nos interesa es necesario encauzarla por el camino adecuado, el cual se forma con la ayuda de otro elemento imprescindible: el **aislamiento**.

La naturaleza de alguna manera ha simplificado las cosas disponiendo que existan solamente conductores y aisladores, aunque no ninguno de los dos sean perfectos.

A partir de estos últimos surgen distintas formas constructivas para lograr la conducción de la corriente eléctrica. Independientemente de los órdenes de magnitud, una manera es a través de los **cables** propiamente dichos y otra es mediante el empleo de **conductores** convenientemente soportados en puntos fijos por piezas construidas con material aislante denominados **aisladores**.

En cualquiera de los casos, para tender un cable o un conductor se necesita algún elemento que lo soporte mecánicamente, lo cual constituye la **canalización**.

Entonces definiremos a una **canalización eléctrica** como el conjunto de elementos compuesto por los conductores, los aisladores y los soportes adecuados que permitan la circulación de una corriente eléctrica para los distintos sistemas de tensiones existentes.

La combinación de estos elementos hace que se tengan distintos tipos de canalizaciones, cada una de las cuales responde a una tecnología constructiva determinada. O sea que se pueden realizar distintas combinaciones de estos elementos de acuerdo con las necesidades, como luego veremos.

La clasificación de las canalizaciones de la energía eléctrica puede llevarse a cabo teniendo en cuenta los diversos parámetros que la caracterizan, sus funciones o las formas constructivas.

Si lo hacemos teniendo en cuenta el valor de la tensión, por ejemplo, encontraremos energía eléctrica de extra alta, alta, media y baja tensión. Desde este punto de vista en este libro solo nos ocuparemos de las últimas.

De acuerdo con las funciones de la canalización podremos encontrar las destinadas a los circuitos de fuerza motriz, control, señalización y comunicación.

Si es por la forma constructiva hay canalizaciones subterráneas, a la vista, en cañería y aérea. Cualquiera de estas, a su vez, permite algunas subdivisiones que por el momento no es necesario analizar.

También son conductores de la energía eléctrica, los que se utilizan en los bobinados de todo tipo (motores, transformadores, electroimanes, etc.) y de los cuales nos ocuparemos brevemente más adelante.

Merecen también una consideración las fibras ópticas, las cuales se utilizan para la transmisión de señales mediante un adecuado procesamiento de la luz.

1.09. DEFINICIONES

A los fines de introducirnos más rápidamente en el tema veremos cómo son un conductor y un cable, aunque más adelante veamos en detalle cada uno de los componentes.

Figura 1.02 Conductor

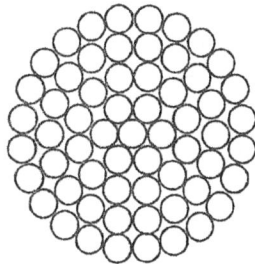

Figura 1.03 Cuerdas normales de un conductor

En el ítem anterior se dijo que un cable es un conductor con su correspondiente aislamiento; el primero de ellos está construido por un metal que presenta facilidad para la circulación de la corriente eléctrica en su seno, mientras que el aislamiento impide que esa corriente se derive por caminos no deseados y está constituido por un material aislante, o sea que en forma inversa a la anterior impide cualquier circulación de corriente eléctrica a través de su masa. Aunque como anticipáramos esto no es de estricto cumplimiento.

17

Es así que podemos encontrar canalizaciones eléctricas formadas por conductores desprovistos de aislamiento (comúnmente denominadas desnudos) soportados por aisladores, como pueden ser las líneas aéreas o los conductos de barras. Los conductores en cada caso tienen características distintivas.

Los **conductores** pueden estar formados por un solo alambre o por una **cuerda**. Esta última es una agrupación de alambres o hilos finos conductores (cobre, aluminio u otro), cuya manera de reunirlos longitudinalmente hace que tengan una sección circular. Esta agrupación de alambres se efectúa de modo que el conjunto vaya rotando alrededor de un alambre central (helicoidal), lo cual contribuye a la rigidez del conjunto. La cantidad y diámetros de los mismos determinan la flexibilidad del conjunto y la sección conductora. Es así como se pueden encontrar cables con un solo conductor o con cuerda.

Es preciso señalar que hay conductores que se utilizan en líneas aéreas que se cubren con un aislamiento de protección para evitar que los contactos accidentales con ramas u otros objetos provoquen alteraciones funcionales, tales como puestas a tierra intermitentes, etc.

Los conductores de barras, en cambio, se forman con barras macizas o caños (de cobre o aluminio) soportadas por aisladores especialmente fabricados, los cuales se fijan empleando distintos tipos de accesorios (herrajes o morsetería).

Los **cables** propiamente dichos se emplean en las canalizaciones eléctricas de baja, media y alta tensión. En este caso nos ocuparemos solo de las primeras y las formas constructivas de sus componentes en general, ya que los detalles de algunos de ellos los trataremos más adelante.

A continuación se dará la descripción de los cables, sus distintos componentes y la de sus parámetros característicos.

1.09.01. Conductor

Puede estar integrado por un solo alambre o por varios agrupados formando una cuerda.

1.09.02. Cuerda

Es el conductor que está formado por varios alambres más finos, que también se denominan hilos.

La cuerda a su vez puede ser:

• circular normal,
• circular compacta,
• sectorial compacta (sección mayor de 50 mm^2).

La cantidad de alambres con que está formada la cuerda hace a su flexibilidad, lo cual suele resultar importante para el tendido del cable o conductor en las canalizaciones, razón por la cual se fabrican con cantidades variables y se ordenan en **clases**.

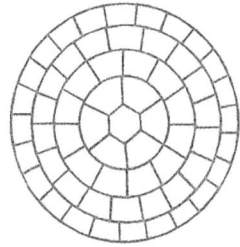

Figura 1.04 Cuerdas compactadas de un conductor

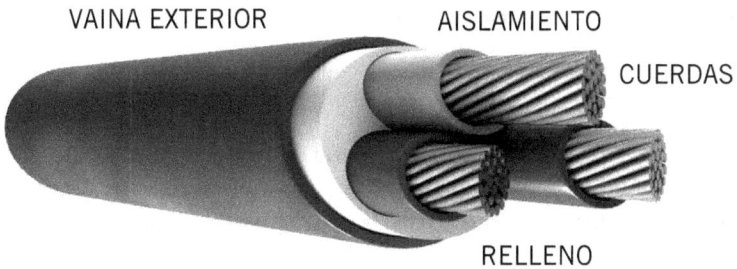

Figura 1.05 Componentes de un cable

Figura 1.06 Cables con cuerdas sectoriales

19

1.09.03. Clase

Es la cantidad de alambres o hilos que componen a la cuerda propiamente dicha. Los distintos tipos se clasifican con números que van desde el 1 al 6, correspondiendo el número 1 al alambre o hilo único y el 6 al que tiene mayor número de componentes,

Los alambres o hilos componentes se disponen de tal manera que la sección transversal del conductor puede ser circular o sectorial. En el primero de los casos son acomodados longitudinalmente formando una hélice alrededor de un alambre o hilo central.

La cantidad de alambres o hilos que componen una determinada sección hacen a la flexibilidad del cable o conductor en sí mismo. Esta construcción se ve reflejada en el precio del mismo.

Las clases también están relacionadas con la sección del cable: hasta 16 mm^2 se utiliza clase 5 y en las mayores (25 a 300 mm^2) clase 2, esto es en forma estándar.

1.09.04. Aislamiento

Es lo que recubre al conductor; el tipo de material empleado puede ser variado de acuerdo con las necesidades ambientales del lugar donde se instala (temperatura, agresividad del medio, etc.).

1.09.05. Relleno

Se utiliza en los cables multipolares del tipo energía y es el material que se ubica en los espacios que quedan entre los cables componentes.

1.09.06. Cubierta o vaina exterior

Es la que envuelve a los cables individuales y el relleno que forman un cable multipolar. Se usa también en determinado tipo de cables unipolares (cables tipo energía). También es la que se coloca sobre la armadura en aquellos cables que la posean.

1.09.07. Blindaje

Se emplea en los cables de baja tensión destinados al comando y control. Se hace necesario cuando estos conducen corrientes muy débiles que eventualmente pueden ser alteradas por los campos electromagnéticos generados por cables que conducen elevadas corrientes eléctricas presentes, en ocasiones, a lo largo de su traza.

1.09.08. Armadura

Es la protección mecánica del cable.

1.09.09. Formación del cable

Es la cantidad de cables individuales que forma un cable denominado multipolar. Se suelen indicar como número de fases o polos.

1.10. PARÁMETROS CARACTERÍSTICOS

1.10.01. Conductores

1.10.01.01 *Sección geométrica*

Es la sección transversal de un alambre o la suma de las secciones de cada uno de los componentes de la cuerda. Se expresa en mm^2.

1.10.01.02. *Sección nominal*

Es el valor redondeado que se aproxima a la geométrica y que se utiliza para la designación de un conductor o cable. Se expresa en mm^2. Por ejemplo: 4 mm^2.

1.10.01.03. *Diámetro exterior del conductor en mm.*

1.10.01.04. *Formación*

Número de conductores y el diámetro de los conductores que forman el conductor en si.

1.10.01.05. *Carga de rotura, expresada en Kf.*

1.10.01.06. *Resistencia eléctrica*

Se establece a una temperatura de 20 °C y se mide con corriente continua.

1.10.01.07. *Masa o peso.*

Dado en kg/km.

1.10.02 Cables

1.10.02.01. *Tensión*

Constituye uno de los parámetros fundamentales de los cables, en el momento de efectuar la selección previa a una aplicación en la tensión normalizada de baja tensión, que en nuestro país se expresan:

Uo/U --> 0,6 / 1,1 kV eficaces con **Um** --> 1,2 kV eficaces
- **Uo:** tensión nominal a frecuencia industrial entre el conductor o el conductor de protección a tierra o pantalla metálica para la cual está diseñado el cable. Esta tensión se refiere a la fabricación y ensayos en lo que respecta a sus propiedades eléctricas.
- **Uo:** es la tensión nominal a frecuencia industrial entre los conductores para lo cual está diseñado el cable. Es el valor eficaz entre dos fases activas, de un cable compuesto a su vez por varios cables o de un sistema de un cables solo.
- **Um:** es la tensión máxima para el equipamiento.

En un sistema de corriente alterna, la tensión nominal de un cable debe ser, como mínimo, igual a la tensión nominal del sistema, para la que se utiliza. Esta condición rige tanto para el valor U_o como para el de U.

Si el sistema eléctrico no tuviese las tensiones normalizadas anteriores, se debe solicitar la fabricación acorde con los valores existentes.

En un sistema de corriente continua, la tensión nominal puede ser, como máximo, 1,5 veces el valor de la tensión nominal del cable.

- **Tensión de servicio**
  Es la que se establece en servicio normal, en un lugar y momento dados, entre los conductores o entre un conductor y tierra, en una instalación de corriente de potencia.
- **Tensión de servicio permanente admisible**
  Los cables para tensiones nominales Uo/U de hasta 0,6/1 kV son apropiados para su empleo en sistemas de corriente trifásica, alterna o continua, cuya tensión máxima admisible permanente de servicio no sobrepase la tensión nominal de los cables en más de un 10%.

1.10.02.02. *Resistencia e inductancia*

La resistencia es idéntica para el caso anterior que para los cables, solo que ahora al existir el agrupamiento de cables se introduce la reactancia inductiva del cable.

1.10.02.03. *Temperatura*

De operación normal o trabajo: es máxima que puede alcanzar y mantener para toda su vida. (PVC: 70 °C, XLP y EPR 90 °C)

De operación en sobre-carga: en caso de corto-circuito, es la máxima pueda alcanzar y mantener en caso de una falla con una duración máxima de 5 segundos (PVC: 160 °C, Polietileno reticulado o XLPE y caucho etileno propileno (EPR) 250 °C).

1.10.02.04. *Categoría de empleo*

Los sistemas trifásicos se clasifican en las siguientes categorías

- **Categoría I:** en el caso de una falla de una fase a tierra el cable es retirado de servicio en un tiempo no mayor de una hora. Cuando se utilicen cables individualmente apantallados el período máximo no superará las ocho horas.
- **Categoría II:** son las no comprendidas en la primera.

CAPITULO 2

CONDUCTORES Y AISLANTES

2.01. INTRODUCCIÓN

Cuando se emplea el término **conductor**, se hace una referencia simplificada a lo que es en realidad un conductor de la electricidad. Se entiende por conductor todo material que permite el paso de la corriente eléctrica en forma continuada cuando está sometido a una diferencia de potencial.

Todos los materiales en estado sólido o líquido tienen propiedades conductoras de mayor o menor efectividad, pero ninguno es perfecto.

2.02. CONDUCCIÓN ELÉCTRICA

Es el movimiento de cargas eléctricas en el espacio y varía de acuerdo con las características del material. La conducción puede ser:

- **Electrónica**, cuando los portadores de las cargas son los electrones libres.
- **Iónica**, en donde los portadores de las cargas son los átomos ionizados, es decir, los átomos a los que le faltan electrones (carga positiva) o a los que le sobran electrones (carga negativa).

En este libro solo se tratará la primera de ellas.

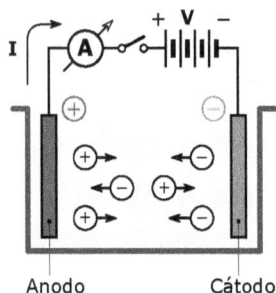

Figura 2.01 Conducción iónica

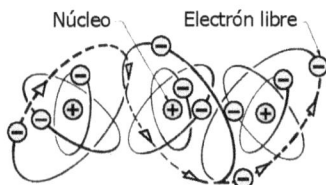

Figura 2.02 Conducción electrónica

2.03. SECCIONES DE LOS CONDUCTORES Y DE LOS CABLES

La **sección transversal** de un conductor o cable puede adquirir variadas formas. Aunque en general son cilíndricas, también las hay de otras configuraciones (dos cables dispuestos en forma paralela –forma de ocho–, por ejemplo en el uso domiciliario) o bien de cuatro cables envueltos con una vaina plana, utilizado para las bombas sumergibles con motores trifásicos, etcétera. Luego veremos los detalles de las formas constructivas.

Para el caso de los conductores y en orden de aplicaciones se pueden considerar las que siguen.

- **Cilíndricas**: pueden ser un solo alambre macizo, formadas por cuerdas flexibles (varios alambres o hilos), barra maciza o en forma de caño.
- **Prismáticas**: son macizas o formadas por láminas delgadas. En ambos casos la sección total puede ser cuadrada o rectangular.
- **Especiales:** Dentro de estas a su vez podemos diferenciar, de acuerdo con el uso:

1. Las que emplean ciertos cables para la distribución de la energía eléctrica en los cuales la cuerda de los conductores tiene forma de sector circular, de modo que el conjunto de las cuerdas que forman las tres fases (con neutro o sin él) presenta, aislamiento de por medio, una forma cilíndrica. Se emplea esta técnica en cables de gran sección.

26

2. Son la resultante de ciertas necesidades específicas o no tan comunes como puede ser el caso de los empleados en la tracción eléctrica (rieles, trolley, etc.).

3. Las denominadas trenzas, que son conductores de cobre con forma cilíndrica o plana rectangular, cuya sección está compuesta por un conjunto de trenzas de cuerdas muy flexibles. Se utilizan para hacer la conexión de puesta a tierra de equipos o partes de ellos que tienen movilidad, por ejemplo la puerta de un tablero. También se las emplea para conectar barras a los fines de absorber las variaciones de longitudes debidas a las dilataciones.

2.04. TERMINACIÓN SUPERFICIAL DE LOS CONDUCTORES

Los conductores de los cables pueden presentarse, sobre todo los de cobre, tal como salen del proceso de trefilación o bien estañados. En el caso de los utilizados para bobinados, se les aplica recubrimiento de pintura aislante.

2.05. PROPIEDADES GENERALES DE LOS CONDUCTORES

La utilización correcta de los conductores y cables requiere no solo de las propiedades eléctricas. Las condiciones ambientales del lugar en donde estará tendido y el tipo de usos, hacen que en muchos casos sean estas las que determinen el tipo de cable o conductor a utilizar.

Las propiedades generales de los materiales conductores son:

- eléctricas,
- mecánicas,
- físico-químicas.

2.05.01. Propiedades eléctricas

Dentro de las propiedades eléctricas de los conductores se reconocen las que a continuación se detallan.

2.05.01.01. *Resistencia eléctrica*

Es una característica que tienen todos los materiales conductores por la cual se oponen al paso de la corriente eléctrica. Su relación con

27

la tensión y la intensidad de la corriente eléctrica están dadas por la ley de Ohm.

Dado que la resistencia varía con la temperatura, cuando se exprese la misma deberá indicarse a qué temperatura corresponde el valor.

2.05.01.02. *Resistividad eléctrica*

También se denomina resistencia específica. Es un coeficiente que expresa la resistencia eléctrica de cada material conductor a igualdad de sección y longitud.

Se representa mediante la letra griega ρ y su unidad es: ohm x mm²/metro. Para el cobre puro el valor de la resistividad es 1/58 = 0,017241 a 20 ºC.

2.05.01.03. *Conductividad eléctrica*

Es la inversa de la resistividad. Se define a los efectos de la utilización en determinados cálculos específicos.

2.06 PROPIEDADES MECÁNICAS

Las diversas condiciones de empleo a los que se someten los materiales conductores hacen que se deban tener en cuenta otras propiedades, como pueden ser las mecánicas, que en muchos casos, como anticipáramos, definen una aplicación.

Los materiales conductores pueden estar sometidos a las siguientes solicitaciones mecánicas o combinaciones de ellas:

* tracción,
* compresión,
* flexión,
* cortadura.

2.06.01. Otras de los materiales conductores

2.06.01.01. *Dureza*

Es una de las propiedades mecánicas importantes de los materiales. Consiste en la resistencia que ofrecen los mismos a ser penetrados por otro más duro. Existen diversos métodos para determinar la dureza de los materiales; los más conocidos son los de Brinell y Rockwell.

2.06.01.02. *Carga de rotura*

Los materiales se deforman en mayor o menor grado cuando se los somete a esfuerzos mecánicos. Estas deformaciones pueden tener el carácter de elásticas o permanentes. Existe un esfuerzo a partir del cual sucede ello y se denomina límite elástico de trabajo o límite de elasticidad.

Si se continúa aplicando esfuerzo al material más allá del límite elástico se produce la rotura del mismo; esa carga se denomina carga de rotura.

2.06.01.03. *Módulo de elasticidad*

También llamado módulo Young, es la relación entre el esfuerzo de tracción aplicado y el alargamiento que sufre el material. Es una característica propia de cada material.

2.06.02. Propiedades físico-químicas

Estas propiedades resultan de singular importancia cuando se las combina con las anteriores para la determinación del tipo de conductor o cable a utilizar.

2.06.02.01. *Peso específico*

Es el peso de la unidad de volumen.

2.06.02.02. *Densidad*

Es la masa de la unidad de volumen

2.06.02.03. *Calor específico verdadero*

El calor específico verdadero de un cuerpo es la cantidad de calor necesario para calentar un grado su temperatura, a partir de la inicial, un gramo del cuerpo.

2.06.02.04. *Calor de fusión*

El calor de fusión de un cuerpo, a determinada temperatura, es la cantidad de calor que ha de comunicar a la unidad de masa de este cuerpo, supuesto en estado sólido y a dicha temperatura, para que pase al estado líquido a esta misma temperatura.

2.06.02.05. *Temperatura de fusión*

Es la temperatura indicada en la definición anterior.

2.06.02.06. *Conductividad térmica*

Es la propiedad que permite, en mayor o menor grado, el paso del calor a través de un cuerpo.

2.06.02.07. *Dilatación*

Es la propiedad que presentan los materiales sólidos de variar su volumen por efecto del calor.

2.07. VARIACIÓN DE LA RESISTENCIA CON LA TEMPERATURA

Una propiedad importante de los materiales conductores es la de variar su resistencia con la temperatura. El cobre y el aluminio, así como casi todos los materiales metálicos, aumentan la resistencia con el aumento de la temperatura. En cambio en determinadas aleaciones esto no se cumple ya que son independientes.

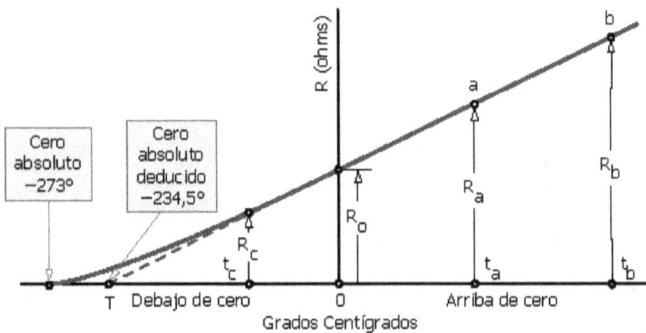

Figura 2.03 Variación de la resistencia con la temperatura

El carbono y sus derivados en cambio, disminuyen la resistencia con el aumento de la temperatura. En virtud de ello se ha adoptado como temperatura de referencia a los **20 °C**, para expresar los valores de la resistencia eléctrica.

2.08. SUPERCONDUCTIVIDAD

Como se expresó anteriormente la resistencia eléctrica de los conductores varía con la temperatura, en virtud de ello cuan · do la temperatura es cercana al cero absoluto (-273 °C) la resistencia es nula.

Figura 2.04.
Conductores
de cobre y
aluminio

2.09. MATERIALES USADOS COMO CONDUCTORES

Los materiales conductores empleados en la fabricación de los cables y conductores propiamente dichos son fundamentalmente: cobre, aluminio, las aleaciones de estos y en menor escala otros elementos cuando se trata de casos especiales.

Son muchas las aplicaciones en las que se recurren a las aleaciones de los dos primeros metales y a muchos otros menos comunes. Esto se hace a los fines de conferirles las características particulares que se requieran, de acuerdo con la aplicación de los mismos, más allá de la conducción de la corriente eléctrica, aunque fundamentalmente podemos adelantar que casi siempre se trata de la resistencia mecánica, y ello es debido a la poca resistencia que presentan originalmente estos materiales en estado puro, como luego veremos.

Esto es fácilmente apreciable por ejemplo en las líneas aéreas, donde se emplean aleaciones de aluminio.

2.09.01. El cobre

2.09.01.01. *Introducción*

El cobre ya era conocido en la prehistoria. Se han encontrado objetos de este metal en las ruinas de muchas civilizaciones antiguas como

Egipto, China, Asia Menor, Chipre (de donde proviene la palabra cobre) y América del Sur. Se lo utilizaba para acuñar monedas y confeccionar útiles de cocina y objetos ornamentales.

La obtención del metal depende de la composición de la mena, la cual luego de ciertos procesos se lleva a hornos especiales en donde se consigue obtener purezas del orden del 98%, a partir del cual es necesario procesarlo electrolíticamente para obtener las barras o lingotes que superen el 99,9%.

2.09.01.02. *Características*

Es un metal que presenta ciertas variaciones en su color, al cual podríamos definir como rojizo. Se caracteriza por ser dúctil y maleable; cuando se lo deforma en frío duplica su resistencia mecánica y su dureza, pero se reduce su alargamiento a la rotura. Este aumento de resistencia mecánica que produce la deformación en frío se aprovecha para muchas las aplicaciones, pero existe el inconveniente de que obliga a recocerlo cuando se lamina o se estira.

El agua pura no lo ataca a ninguna temperatura. Los agentes atmosféricos en cambio hacen que se forme en su superficie una película verdosa constituida por sulfato de cobre, lo que reduce el proceso de oxidación.

Al calentar el cobre, se forma, a los 120 °C, una película rojiza de óxido cúprico ($Cu2O$) que más tarde se convierte en negruzca al formarse óxido cuproso ($Cu\ O$); a partir de los 500 °C, el cobre se oxida rá - pidamente en toda su masa.

Las características generales del cobre puro son:

- Peso específico: 8,96 [gr/cm^3]
- Conductividad eléctrica a 20 °C [SIEMENS . m/mm^2]: 59
- Resistividad eléctrica a 20 °C [Ohm.mm^2 /m]: 0,01673
- Conductividad calorífica a 0 °C [caloría-gramo/°C/cm^2/cm]: 0,941
- Coeficiente de dilatación lineal: $16,5 \times 10^{-6}$ por °C
- Punto de fusión [°C]: 1083
- Calor específico medio [calorías/gr x °C]: 0,092
- Punto de ebullición [°C]: 2.595
- Módulo de elasticidad [kg/mm^2]: 12.700
- Resistencia a la tracción [kg/mm^2]: 15 a 20
- Alargamiento a la rotura [%]: 0,3

2.09.01.03. *Variedades*

En las aplicaciones destinadas a la conducción de la corriente eléctrica se utilizan varias clases de cobre, que enumeramos a continuación.

1. Cobre electrolítico: Se obtiene electrolíticamente, por refinado. Un electrodo de cobre puro hace de cátodo y un electrodo de cobre con impurezas hace de ánodo; el cobre electrolítico se deposita sobre el primero. El contenido cobre obtenido de esta manera es del 99,9%.

2. Cobre recocido: llamado también cobre blando. A 20 ºC de temperatura ha sido adoptado como el cobre tipo para las transacciones comerciales en todo el mundo. Esta forma de cobre es dúctil y maleable, se moldea fácilmente y se utiliza, sobre todo, para la fabricación de conductores eléctricos que van a ser sometidos a grandes esfuerzos mecánicos.

3. Cobre semi-duro: tiene mayor resistencia a la rotura que el recocido, no es tan dúctil ni maleable. Se lo utiliza en líneas aéreas.

4. Cobre duro: trabajado en frío adquiere dureza y resistencia mecánica aunque a expensas de su ductibilidad y maleabilidad. Se lo emplea para líneas aéreas en donde se ejercen grandes esfuerzos mecánicos.

5. Aleaciones de cobre: mejoran las propiedades mecánicas o térmicas del cobre puro, pero a costa de las eléctricas. Las más empleadas son:

- Latones: son aleaciones de cobre y cinc.
- Bronces: es la aleación que se forma con el estaño y el cobre.

Existen numerosas variedades, de acuerdo con las aplicaciones.

2.09.02. Aluminio

2.09.02.01.

Es un metal de color blanco plateado. Tiene poca resistencia mecánica, gran ductilidad y maleabilidad, lo cual permite que pueda ser forjado, trefilado y laminado en muy pequeños diámetros y espesores.

Presenta conductividad térmica y eléctrica relativamente altas.

La propiedad química más destacada es su gran afinidad por el oxígeno del aire, lo que lo hace completamente inalterable en el aire, pues se recubre de una capa muy fina de óxido de aluminio, que es muy adherente e impermeable, y que actúa a manera de protección del resto de la masa contra la intemperie.

Esta misma película resiste la acción del vapor de agua, del ácido nítrico y de los gases y humos industriales; sin embargo es atacado por los ácidos sulfúrico, clorhídrico y nítrico, así como por soluciones salinas.

2.09.02.02. *Características.*

Las características generales del aluminio son:

- Peso específico [gr/cm^3]: 2,7
- Conductividad eléctrica a 20 °C [SIEMENS x m / mm^2]: 35,36
- Resistividad eléctrica a 20 °C [Ohm x mm^2 /m]: 0,02828
- Conductividad calorífica a 0 °C [caloría-gramo/°C/cm^2/cm]: 0,53
- Coeficiente de dilatación lineal: 23,6 x 10^{-6} por °C
- Punto de fusión [°C]: 660
- Calor específico medio [calorías/gr x °C]: 0,215
- Punto de ebullición [°C]: 2.450
- Módulo de elasticidad [kg/mm^2]: 7.200
- Resistencia a la tracción [kg/mm^2]: 16 a 20
- Alargamiento a la rotura [%]: 30

2.09.0203. *Aleaciones de aluminio.*

Se recurre a las aleaciones del aluminio a los fines de conferirles las características mecánicas necesarias de acuerdo con la utilización que se va a realizar. Estas aleaciones deben ser sometidas a adecuados tratamientos térmicos.

Son las que se utilizan en la fabricación de conductores para líneas aéreas; se reconocen por sus nombres comerciales (Aldrey, Almelec, etc.) y aunque sus procedimientos de fabricación son distintos, todas tienen una composición química muy parecida y análogas propiedades mecánicas y eléctricas. Las composiciones químicas aproximadas son: Aluminio 98,7%, Magnesio 0,5%, Silicio 0,5% y Hierro 0,3%; también pueden contener cinc, cromo u otros, según el caso.

El químico danés Hans Christian Oersted fue quien aisló el aluminio por primera vez en 1825. Entre 1827 y 1845, el químico alemán Friedrich Wöhler mejoró este proceso. En 1854, Henri Sainte-Claire

Deville obtuvo el metal en Francia reduciendo cloruro de aluminio con sodio. Con el apoyo financiero de Napoleón III, estableció una planta experimental a gran escala, y en la exposición de París de 1855 exhibió el aluminio puro.

Los conductores destinados a las líneas del tipo aluminio o acero/aluminio se fabrican bajo las normas IRAM, IEC y ASTM.

2.10. COMPARACIÓN ENTRE EL COBRE Y EL ALUMINIO

A los fines de poder realizar una evaluación técnica-económica se realizara a continuación una comparación. De hecho, la misma se deberá hacer sobre la base de una misma longitud.

Para ello recurriremos a la siguiente fórmula que expresa la resistencia de un conductor en función del material de que está hecho, de su longitud y sección:

$$R = \rho \ x \ \frac{L}{S} \qquad (2.1)$$

En donde:

- R: resistencia del conductor
- ρ: resistividad del material utilizado como conductor
- L: longitud del conductor considerado
- S: sección del conductor

La resistencia del conductor considerado de cobre será:

$$R_{cu} = \rho_{cu} \ x \ L \ / \ S_1 \qquad (2.2)$$

Mientras que la misma de uno de aluminio será:

$$R_{al} = \rho_{cu} \ x \ L / \ S_2 \qquad (2.3)$$

En consecuencia, las relaciones entre las secciones serán:

$$\frac{S_{al} \cdot R_{al}}{S_{cu} \cdot R_{cu}} = \frac{\rho_{al} \ x \ L}{\rho_{cu} \ x \ L} = \frac{2,82}{1,72} = 1,64 \qquad (2.4)$$

Si las resistencias de ambos conductores son iguales

$$S_{al} = 1,64 \, S_{cu} \quad (2.5)$$

O sea que la sección del conductor de aluminio será un 64% mayor que la del cobre.

Si analizamos ahora la relación entre los pesos, tendremos para conductores con la misma resistencia.

* Peso del conductor de aluminio: P_{Al}
* Peso del conductor de cobre: P_{Cu}
* Peso específico del aluminio: Pe_{Al}
* Peso específico del cobre: Pe_{Cu}
* Volumen del conductor de aluminio: V_{Al}
* Volumen del conductor de cobre: V_{Cu}
* Sección del conductor de aluminio: S_{Al}
* Sección del conductor de cobre: S_{Cu}

$$\frac{P_{Al}}{P_{Cu}} = \frac{Pe_{Al} \times V_{Al}}{Pe_{Cu} \times V_{Cu}} = \frac{Pe_{Al} \times 1,64 \times S_{cu} \times L}{Pe_{Cu} \times S_{Cu} \times L} = \frac{1,64 \times 2,72}{8,89} = 0,5 \quad (2.6)$$

O sea, que un conductor de aluminio es dos veces más liviano que uno de cobre.

Estas relaciones no se establecen a los fines de determinar primacías técnicas o económicas exclusivamente, están expuestas a los fines de que sean consideradas en el momento en que se toma la decisión so - bre el material a utilizar. El mismo se deberá completar con el de los precios vigentes en ese momento. Las cuestiones relacionadas con los precios son cambiantes en función de las condiciones imperantes en los mercados, disponibilidades, tecnología y algunas más que no podrán ser analizadas en este libro, ya que dependen de los procesos productivos y de comercialización.

2.11. OTROS CONDUCTORES

Existen otros materiales conductores que no tienen el empleo masivo del aluminio y el cobre o sus aleaciones, pero que de todas maneras mencionaremos a los fines de su conocimiento general.

2.11.01. Plata

Se conoce y se ha valorado desde la antigüedad como metal ornamental y de acuñación. Sus orígenes se remontan al Asia Menor unos 2500 AC.

Es un elemento metálico y brillante. Es el mejor conductor conocido. Su conductividad relativa es un 10% superior a la del cobre. Es de color blanco puro, es muy maleable, dúctil y también tenaz.

La plata pura presenta problemas en ciertos ambientes, por lo que se la utiliza generalmente en forma de aleaciones.

Se utiliza en las láminas de los fusibles, revestimiento de protección de conductores eléctricos, en piezas de aparatos que requieran pequeña resistencia de contacto y que requieran de inalterabilidad al calor o al arco eléctrico (por ejemplo: relés).

2.11.02. Níquel

En 1751, el mineralogista sueco Axel Fredrick Cronstedt (1722-1765) fue quien aisló por primera vez este metal blanco brillante, dándole el nombre de Níckel.

Tiene gran resistencia a la tracción y es resistente al desgaste. Tiene una conductividad eléctrica relativa respecto del cobre recocido, que está comprendida entre el 12 y 14%.

La mayor aplicación es la fabricación de acumuladores hierro-níquel, en cambio las aleaciones se utilizan en la construcción de resistencias eléctricas.

2.11.03. Hierro y acero

El hierro y el acero se emplean en la fabricación de alambres, con los cuales se arman los conductores. Los alambres se recubren con una capa de cinc para protección (galvanizados) para evitar el ataque de los agentes atmosféricos.

Con estos alambres se forman cables que son utilizados en los sistemas de puesta a tierra, protección y conducción de la corriente eléctrica.

En este orden de aplicación, se utiliza el acero para construir electrodos de puesta a tierra (jabalinas), el cual es revestido con cobre. Este se conoce popularmente con el nombre comercial de Copperweld.

Otra aplicación lo constituyen los perfiles que son utilizados para hacer conexiones por contacto, como en el caso de los rieles que emplean los trenes, vagonetas y los utilizados en los puentes grúas.

Formando parte de distintas aleaciones se lo utiliza para la fabricación de resistencias eléctricas.

2.11.04. Plásticos

Los polímeros son materiales de origen tanto natural como sintético que están formados por moléculas de gran tamaño, conocidas como macromoléculas.

Los materiales plásticos resultan de mezclar uno o más polímeros con aditivos que mejoran sus propiedades, al punto que después de ciertas modificaciones, un polímero puede convertirse en conductor de electricidad.

Los materiales conocidos como polímeros conductores combinan las propiedades eléctricas de los conductores metálicos con las múltiples ventajas de los plásticos. Para tomar conciencia de las dimensiones de este descubrimiento, es de destacar que a los científicos que trabajaron en este tema les fue otorgado el Premio Nobel de Química del año 2000.

Los polímeros conductores son materiales con enormes posibilidades de aplicación no solo como sustitutos del cobre y otros metales, sino de otras muchas más.

En el marco de los cables que veremos más adelante, están los que se utilizan para calefaccionar que emplean este tipo de material.

2.12. OTRAS FORMAS DE CONDUCTORES

2.12.01. Alambre ranurado

El alambre de cobre ranurado, denominado trolley, se utiliza para conducciones aéreas de contacto destinadas a ferrocarriles, trolleys, tranvías, puentes grúas, y otros vehículos accionados por motores eléctricos.

2.12.02. Barras

Se conoce como barras a los conductores de cobre o aluminio destinados a conducir corriente eléctrica. Las primeras son más amplia-

mente usadas en los tableros de baja tensión aunque no en forma ex -
cluyente. En cambio el aluminio se utiliza para barras de sistemas para alta y muy alta tensión. Las barras se obtienen mediante el proceso de laminado y según sea su aplicación es la terminación superficial
de la misma.

La sección transversal puede ser rectangular, cilíndrica o directamente caño. Al igual que los cables su sección se mide en milímetros
cuadrados.

En el caso de las rectangulares van desde los 12 a los 200 mm de
ancho, y el espesor dese los 2 a los 10 mm.

El tipo de material aislante que lo recubre quedará determinado
por la aplicación y la temperatura de trabajo; puede ser papel dieléc -
trico o especial, cintas de plásticos o de vidrios.

También es posible encontrar barras sin recubrimiento (desnudas)
o bien con una capa de esmalte. Las primeras son las que se emplean
en los tableros eléctricos mientras que las segundas se usan en los bobinados de transformadores de potencia, grandes motores eléctricos y
generadores de baja y media tensión.

Las fabricaciones y ensayos responden a las normas IRAM 2 193
para las que no tienen recubrimientos mientras que la IRAM 2 295 rige para las esmaltadas con poliestirimida.

Existen también las barras de aluminio, pero son de menor aplicación en nuestro país; es más frecuente verlas en tableros de equipos
importados.

2.12.03. Barras rígidas

En la gran mayoría de las aplicaciones se las emplea sin aislar, o
como se dice popularmente desnudas, pero también se las puede encontrar pintadas con los colores identificatorios asignados a las fases,
neutro y puesta a tierra y también **enfundadas**. Con esta última de -
signación se reconoce a las barras que están recubiertas por un tubo de
material aislante del tipo contraíble.

2.12.04. Barras flexibles

Son barras conductoras de sección rectangular aisladas con un material termoplástico. La sección conductora está formada por varias cha-
pas de cobre laminadas de pequeño espesor. El conjunto o sea la barra

resultante es flexible en el sentido longitudinal de la misma. Se las emplea en tableros eléctricos de baja tensión.

Figura 2.05 Barras de cobre

Figura 2.06 Alambre para bobinado

2.12.05. Barras perfiladas

Se utilizan en los tableros para fuerza motriz de baja tensión como barras principales o secundarias. Son de cobre, tienen un perfil que permite o facilita las conexiones de las derivaciones hacia los distintos aparatos de maniobra y protección que los componen. Presentan ventajas cuando se emplean en sistemas de conexión mediante enchufes en fuerza motriz.

2.12.06. Tubos o caños

Estos tipos de conductores no son de una aplicación tan común pero cumplen funciones importantes en la conducción de elevadas co-rrientes eléctricas. Su aplicación fundamental se encuentra en media, alta y extra alta tensión fundamentalmente (aunque no se descarta su uso en baja tensión). En cuanto al material de fabricación puede ser tanto cobre o aluminio.

Al respecto es necesario señalar a modo de ejemplo los caños de aluminio que se emplean como las barras conductoras principales de las playas de maniobras o subestaciones transformadores de alta y ex-tra alta tensión. La razón de su utilización en estos casos se debe al efecto pelicular del efecto corona. Estas últimas tienen diámetros que llegan a los 110 mm, con espesores de pared de 5 mm. En el caso del cobre, su uso está más difundido en las instalaciones de media y alta tensión, y tienen diámetros que van desde los 20 a los 63 mm con espesores de 2 a 8 mm.

La utilización de cualquiera de los dos tipos de materiales conlleva el empleo de elementos de conexión prefabricados denominados herrajes.

2.12.07. Perfiles

Aunque de menor presencia en las instalaciones de estaciones transformadores y playas de maniobra que las barras citadas antes (rectangulares o tubos) existen perfiles del tipo **U** laminados en aluminio (su forma geométrica es idéntica a los de acero). Tienen una altura que va desde los 6 a los 20 mm, los espesores variables hacen que se logren tener secciones que van desde los 450 a los 4 500 mm^2 aproximadamente.

2.12.08. Mallas

Las mallas son el resultado de efectuar una trenza utilizando cuerdas o alambres muy finos de cobre o aluminio, de modo de obtener un conductor muy flexible. Naturalmente la sección final de la misma dependerá de la cantidad de componentes que se utilice para su fabricación. En el caso del cobre los componentes pueden estar estañados o no.

Ejemplo de utilización: conectar a tierra la puerta de los gabinetes que se usan en los tableros o en sistemas de barras para absorber las variaciones de longitudes que se producen en los mismos debida a las variaciones de temperatura según los diversos estados de cargas de las mismas.

Figura 2.07 Trenza

Figura 2.08 Malla

2.12.09. Conductores para bobinados

La inclusión de este tema, aunque sea de forma somera, se debe a la importancia que tienen los bobinados en los aparatos que los incluyen, los cuales van desde los más simples, como pueden ser los timbres, a los cada vez más diversos electrodomésticos y a equipos de usos industriales como motores, electro-válvulas, frenos, etc.

Los conductores destinados a los bobinados se denominan **alambres.** Son los conocidos comercialmente como **alambres esmaltados.** Es el material utilizado para la fabricación de los bobinados de los diversos tipos: motores, transformadores, electroimanes, etc.

Su nombre popularizado deriva de su construcción, ya que se trata de un conductor macizo o alambre, (por ejemplo de cobre) al cual se lo aísla mediante el empleo de un recubrimiento con un esmalte aislante.

Uno de los factores que alteran la duración de la vida útil de las aislaciones, es la temperatura. Al respecto los alambres esmaltados, al igual que otros productos, también están comprendidos dentro de las generales de ese tema. Es así que están clasificados de acuerdo con las clases térmicas, que reflejan las temperaturas a las cuales podrán trabajar y se las ha codificado mediante el empleo de letras.

Las clases térmicas con sus respectivas temperaturas límites de trabajo, las siguientes:

- Clase Y: 90 °C
- Clase A: 105 °C
- Clase E: 120 °C
- Clase B: 130 °C
- Clase F: 155 °C
- Clase H: 180 °C
- 200:   200 °C
- 220:   220 °C
- 250:   250 °C

Esta clasificación es la que da la norma IRAM 2 180, la cual se corresponde con la publicación IEC 85.

La utilización a distintas temperaturas hace que se empleen esmaltes de diversas composiciones, como resinas poliuretánicas, poliéster y otras, que en muchos casos son desarrollados por los mismos fabricantes del alambre.

42

Los alambres se miden por su diámetro expresado en milímetros. Los diámetros varían de acuerdo con la clase de aislamiento, pero en general se puede decir que van de los 0,04 a 2,5 mm.

2.13. AISLAMIENTO

2.13.01. Introducción

En el ámbito de la electrotecnia referirse a los aislantes, significa en realidad: **aislante eléctrico**. Y como tal, se reconoce a todo aquel material que presente la propiedad de tener una conductividad tan baja que el paso de la corriente eléctrica a través del mismo pueda ser despreciado.

Los materiales aislantes se los denomina también **dieléctricos**, aunque un medio dieléctrico es aquel que permite la existencia de un campo eléctrico en su interior.

2.13.02. Funciones

Las funciones de los aislantes son:

1. permiten aislar eléctricamente los conductores entre sí y del potencial denominado tierra,
2. modifican en gran proporción el campo eléctrico que lo atraviesa.

El vacío es el único dieléctrico perfecto, porque tiene conductancia nula. Los materiales aislantes son dieléctricos imperfectos, ya que cuando están sometidos a una diferencia de potencial presentan las siguientes características:

1. corrientes de desplazamiento,
2. absorción de corriente,
3. paso de la corriente de conducción.

2.13.03. Propiedades

Para emplear con éxito los materiales aislantes es necesario que los mismos reúnan ciertas propiedades, como las siguientes:

1. eléctricas,
2. mecánicas,
3. físico-químicas.

Estos materiales deben poder cumplir con su función esencial de aislar al elemento conductor, pero también es necesario que presenten propiedades que le permitan mantenerse sin deteriorarse en el medio en el cual estarán instalados.

Figura 2.09, 2.10 y 2.11 Distintos tipos de aisladores

2.13.03.01. *Propiedades eléctricas*

Son las siguientes:

2.13.03.01.01. Resistencia de aislamiento: es la resistencia que ofrece un material aislante al paso de una corriente eléctrica. Esta corriente se denomina de fuga. Existen dos caminos para la misma: uno por la su - perficie y otro por el volumen.

2.13.03.01.02. Rigidez dieléctrica: es la propiedad que presentan los ma - teriales aislantes a oponerse a ser perforados por una corriente eléctri- ca. La rigidez dieléctrica esta relacionada con el efecto capacitivo de los cables y su caracterización se hace a través de la constante dieléctrica.

2.13.03.01.03. Factor de pérdidas dieléctricas: la potencia eléctrica que se pierde a través de los aislantes se denomina pérdida dieléctrica. El fac- tor de pérdidas dieléctricas se utiliza para medir esas pérdidas.

2.13.03.01.04. Resistencia al arco: se mide por el tiempo que un material aislante es capaz de resistir los efectos destructivos de un arco antes

de inutilizarse por haber formado el arco un camino carbonizado, conductor sobre la superficie del aislante.

2.13.03.02. *Propiedades físico-químicas*

Para obtener un resultado satisfactorio en el uso de los materiales
aislantes es necesario que los mismos presenten adecuadas propiedades, siendo las mismas:

2.13.03.02.01. Propiedades físicas. Son las siguientes:

1. peso específico: es el peso de la unidad de volumen del material
   considerado,
2. porosidad: es una propiedad que tienen los cuerpos de dejar espacios o poros entres sus moléculas, lo cual permite que puedan
   ser comprimidos o dilatarse y hacerse permeables a los gases y
   aun a los líquidos,
3. higroscopicidad: es la capacidad de absorción de la humedad que
   presentan los materiales.

2.13.03.02.02. Propiedades térmicas. Las más importantes son:

1. calor específico: el calor específico de un material, es la cantidad
   de calor necesaria para elevar un grado centígrado la temperatura de un gramo de dicho material,
2. conductividad térmica: es la denominación que se le da a la facilidad que un material presenta al paso del flujo de calor,
3. inflamabilidad: es la facilidad que tiene un material para infla-
   marse,
4. temperatura de seguridad: es la máxima temperatura a la cual
   pueden estar sometidos los materiales aislantes sin que se produzca una degradación de sus propiedades.

2.13.03.03. *Propiedades químicas*

Los materiales aislantes, como parte integrante de equipos e instalaciones, suelen estar sometidos a la acción de líquidos, gases y vapores que pueden ocasionar un deterioro lento pero paulatino. En general los aislantes suelen tener buena resistencia química, de todas
maneras conviene tener en cuenta la presencia de los siguientes elementos:

1. ozono,
2. luz solar,
3. ácidos y álcalis,
4. aceites.

2.13.04. Ensayos

El empleo de los distintos materiales aislantes en la construcción de equipos y aparatos utilizados se hace de acuerdo con normas nacionales (IRAM) o internacionales (IEC) y son estas mismas las que establecen las metodologías de ensayos y los valores admisibles (máximos o mínimos).

Los ensayos son la única forma de asegurarse de que el producto: primero cumple con las características solicitadas y segundo de que no tendrá problemas durante su funcionamiento.

2.13.05. Aislantes empleados en la fabricación de los cables

2.13.05.01. *Introducción*

En las páginas anteriores se expresó que el cable está constituido por el conductor y su aislamiento. De hecho hay una complementación entre ambos ya que trabajan juntos. También se han descrito los tipos de materiales conductores, los cuales, por cierto no son muchos en las aplicaciones comunes, cosa que no ocurre con los aislamientos.

Los aislantes para cables son más numerosos. Por la extensión que representaría el tratamiento de todos ellos, solo se mencionarán los más comúnmente empleados en nuestro país y por ende los que se pueden encontrar en el mercado local. De ellos daremos las características principales, con lo cual el lector podrá comparar con sus necesidades; de no corresponderse deberá consultar con los proveedores o directa - mente con los fabricantes a fin de imponerlos de su situación particu - lar o de las reales condiciones a las que estará sometido su cable.

Es oportuno señalar que dentro de las aplicaciones de los cables podemos distinguir dos campos bien diferenciados: uno en lo que hace a los empleados para conducir corrientes eléctricas de los sistemas de fuerza motriz o control y el segundo los destinados a las señales eléctricas como las de los sistemas de instrumentación, información e imágenes.

2.13.05.02. Aislamiento de cables para fuerza motriz y control

2.13.05.02.01. Materiales plásticos. Los cables tienen como aislamientos productos sintéticos, también llamados plásticos, aunque todavía es posible encontrar instalados los que utilizan el papel impregnado en un aceite aislante.

Es necesario volver sobre el vocablo plástico o material plástico: en realidad es una mezcla de resinas, derivados vinílicos, etc. que en una de sus fases de su fabricación han sido realmente plásticas (es decir que se dejan moldear fácilmente) y que moldeadas o extruidas permiten obtener los más variados objetos sólidos cuya aplicación varía des - de la industria hasta el uso doméstico.

Casi todos los materiales plásticos son compuestos de carbono, o sea que este es la base sobre la que se forman. A los cuerpos que contienen carbono se lo llama **compuestos orgánicos** y existen en la naturaleza; los que no han sido procesados se denominan **orgánicos naturales** e incluyen a casi todos los compuestos que constituyen la materia viva.

Cuando mediante ciertos procesos químicos se obtienen compues - tos a base de carbono, se denominan compuestos orgánicos sintéticos, entre los que están incluidos los materiales plásticos, que se caracterizan por moléculas gigantes, las macromoléculas, las cuales son llamadas **polímeros**.

Cuando las moléculas sencillas que componen un polímero están aún enlazadas, estamos ante un **monómero.** Para obtener un polímero se parte de un monómero que ha sido convenientemente activado, uniendo entre sí las moléculas sueltas. O sea que un polímero es siempre una transformación de un monómero. A esta transformación se la denomina **polimerización**.

Para la fabricación de productos o artículos determinados es nece - sario mezclar estos polímeros con otros materiales denominados aditivos, que de acuerdo con el tipo le confiere al producto final características particulares. El aglutinante también es una parte importante de estas mezclas.Los aditivos son clasificados como: cargas, plastificantes, estabilizadores, endurecedores, disolventes, lubricantes y colorantes, cada uno de los cuales tiene su rol dentro del proceso de fabricación del producto.

Estos elementos son mezclados en las proporciones establecidas de acuerdo con las características que se le quieren dar al producto y mediante el procedimiento de moldeo (compresión, extrusión, etc.), calandrado, revestimiento o conformación se procede a la fabricación de los elementos deseados. En el caso de la fabricación de los cables se recurre a utilizar el procedimiento denominado extrusión.

Volviendo a los materiales plásticos se clasifican en:

- Termo-plásticos.
- Termo-estables.

Los **materiales termo-plásticos** se reblandecen con el calor y se endurecen cuando se enfrían; esto se puede repetir indefinidamente sin que el material pierda sus propiedades. Existen en el mercado una variedad innumerable de tipos. Las que pueden tener relación con nuestra aplicación se describen brevemente a continuación.

Las resina poliestirénicas dan origen al **poliestireno** en sus distintas variedades; es un dieléctrico ampliamente utilizado como aislamiento de cables.

El **polietileno** es uno de los materiales más importantes dentro de los termo-plásticos utilizados. El **polietileno reticulado** surge para mejorar las propiedades el polietileno en sí, entre ellas la máxima temperatura de trabajo que puede alcanzar.

Las resinas vinílicas son derivadas del etileno, que al reaccionar con el ácido clorhídrico se obtiene el cloruro de vinilo, el cual a su vez es el monómero constituyente del **policloruro de vinilo (PVC)**, que constituye el material plástico más utilizado como aislamiento y en las vainas de los cables.

Tal como se dijo antes existen un sin número de resinas que tienen uso en la electrotecnia pero que no son de utilización tan común como aislamiento de los cables.

Los materiales termo-estables o también termo-fraguantes solamente son blandos o plásticos al calentarlos por primera vez, después de enfriados ya no se ablandan por un nuevo calentamiento y, por consiguiente, no pueden recuperarse para posteriores transformaciones.

Al contrario de los termo-plásticos estos se endurecen con el calor, aunque la temperatura no hace variar las características mecánicas, formas o dimensiones. Son menos numerosos que los anteriores y no son aplicables como aislamiento de los cables.

Se puede contar entre estos a las resinas **epoxídicas**, que aunque no son de utilización en los cables tienen una gran aplicación en la construcción de aisladores y equipos, tanto comunes como especiales.

Otros materiales que nos interesan son los **elastómeros**, que se caracterizan por su extraordinaria elasticidad y la recuperación de las formas originales luego de estar sometidos a esfuerzos. Esta elasticidad se obtiene a través de un procedimiento denominado vulcanización; el más conocido es el caucho natural, que cuando está vulcanizado se denomina **goma**.

Existen dos grandes grupos de materiales elastómeros: los naturales y los sintéticos, siendo este último de interés para el tema tratado.

Para la fabricación de elementos también se recurre a los aditivos. Para los cables concretamente se puede apreciar que presenta resis-tencia a la abrasión, así como también a los ácidos y álcalis, aunque no en el caso de la benzina y los aceites minerales y orgánicos.

2.13.05.02.02. Policloruro de vinilo (PVC): se lo conoce por la abreviatura PVC. Es un material plástico, que fue descubierto en 1835 por el químico francés Regnault, pero no fue hasta el año 1932 que se pudieron hacer aplicaciones prácticas.

Es el material plástico más fabricado del mundo y de empleo más extendido. Ello se debe a su dureza, resistencia al fuego, a la luz, a los productos químicos, a los insectos, a los hongos y a la humedad. Tampoco requiere ser pintado y puede ser reciclado.

Fundamentalmente se obtiene a base de acetileno, etileno, cloro y ácido clorhídrico. Se fabrica haciendo pasar una mezcla de acetileno y ácido clorhídrico en presencia de una sustancia catalizadora, obtenién-dose de esa manera el cloruro de vinilo, que es un cuerpo gaseoso; este cuerpo se polimeriza con ayuda de calor y de un catalizador.

Como aislante eléctrico, el PVC es ampliamente usado para la frecuencia industrial (50 Hz) pero no para altas frecuencias debido a que sus pérdidas dieléctricas resultan elevadas. También resulta inconveniente el elevado factor de pérdidas dieléctricas para el empleo de este material en el campo de las muy altas tensiones ya que las pérdidas dieléctricas re-sultan proporcionales al cuadrado de la tensión de servicio y pueden adquirir valores considerables, en el caso de cables de gran longitud.

La temperatura de funcionamiento normal es de 70 °C y en caso de cortocircuito 160 °C durante 5 minutos.

Las normas IRAM que comprenden a este tipo de aislamiento son: 2 178, 2 268 y NM 247-3 (ex 2183) y la IEC 60 502.

2.13.05.02.03. Polietileno reticulado (XLPE). Es el resultado de la aplica-ción de ciertos procesos mediante los cuales se elimina la condición de termo-plástica del polietileno, pasando a ser termo-estable, con lo cual se puede aumentar la temperatura de trabajo. La reticulación es semejante a la vulcanización.

El polietileno reticulado se carga con negro de humo, con lo cual las propiedades dieléctricas quedan ligeramente disminuidas, pero las propiedades mecánicas y la estabilidad a la intemperie quedan notablemente reforzadas.

Este aislante permite trabajar perfectamente a temperaturas del orden de los 90 °C, pudiendo alcanzar en casos de cortocircuito durante 5 segundos que el conductor alcance los 250 °C. Alrededor de los 300 °C, se carboniza sin previa fusión.

Estas excelentes características térmicas, junto a las propiedades eléctricas superiores a las que poseen la mayor parte de los materiales aislantes, lo hace adecuado para cables expuestos a fuertes sobrecargas o bien en instalaciones ubicadas en sectores con elevadas temperaturas ambientales.

Se lo emplea en cables de baja, media y alta tensión.

Este aislamiento está contemplado por las normas IRAM 2 178, 62266 e IEC 60 502 para las aplicaciones de baja y media tensión.

2.13.05.02.04. Goma etilén propilénica (EPR). Es un material termo-estable comparable en sus características al polietileno reticulado (XLPE) pero más flexible. Su temperatura de funcionamiento normal es de 90 °C y durante un cortocircuito puede alcanzar los 250 °C durante 5 segundos. Los cables que utilizan este aislamiento responden a las normas IRAM 2 178 e IEB 60 502, para baja y media tensión.

CAPÍTULO 3

CONDUCTORES Y CABLES

3.01. INTRODUCCIÓN

Dado el amplio espectro de tipos de cables que se emplean en los diversos ámbitos como pueden ser el hogar, las industrias, el transporte, las comunicaciones, etc., resulta imposible hacer una descripción pormenorizada de cada una de las variantes que a su vez pueda tener cada tipo, es por eso que continuación se realizará una descripción de las características físicas y eléctricas de los más comunes y en forma general, no sin dejar de señalar que existen otros de utilización específica y cuya descripción supera ampliamente las posibilidades de esta publicación.

3.02. CABLE PARA EL EMPLEO DE LA ENERGÍA ELÉCTRICA

3.02.01. Denominación popular: cablecito

Formación: bipolar
Secciones en mm^2: 0,5 – 0,75 – 1,00 – 1,50 – 2,50
Aislamiento: PVC
Color de la vaina: marfil o transparente
Forma exterior: de un ocho
Tensiones máximas:

- 300 V Secciones de 0,50 y 0,75 mm^2
- 500 V Secciones de 1,00 y 1,50 mm^2

Temperatura máxima del conductor: 70 °C
Normas de fabricación: IRAM 247-5 (2 158)

Acondicionamiento para la venta: rollos de 100 m.

Aplicaciones: para la conexión de las luminarias y de pequeños aparatos de uso residencial.

Limitación: no se puede instalar en forma fija a la vista, necesita protección mecánica.

Figura 3.01 Cable tipo "cablecito"

Figura 3.02 Cable tipo "VN"

3.02.02. Denominación popular: tipo VN

Formación: unipolar
Secciones en mm^2: de 0,75 a 120 o 240
Aislamiento: PVC
Colores: blanco, negro, rojo, celeste, marrón, gris y verde-amarillo
Forma exterior: cilíndrica
Tensiones máxima: 450/750 V
Temperaturas máximas del conductor:

- En servicio continuo: 70 ºC
- En cortocircuito: 160 ºC

Normas de fabricación: IRAM 247-3 (2 183).

Acondicionamiento para la venta: cajas especialmente diseñadas, rollos y bobinas de variados largos.

Aplicaciones: instalaciones eléctricas destinadas a viviendas domiciliarias. Circuitos de tomacorrientes e iluminación. También en grandes sistemas de iluminaciones interiores.

Limitación: no se pueden instalar a la vista o en bandejas porta-cables sin la debida protección mecánica.

Figura 3.03 Cable tipo taller
o TPR tripolar

Figura 3.04 Cable tipo taller
o TPR bipolar

3.02.03. Denominación popular: tipo taller o TPR

Formación: bipolar, tripolar y tetrapolar
Secciones en mm^2: 0,75 – 1,00 - 1,50 – 2,50 y 4,00
Aislamiento: PVC
Envoltura: PVC
Color de la envoltura: negro
Color de los conductores individuales: negro, marrón, celeste y rojo (algunos incluyen el verde-amarillos)
Forma exterior: cilíndrica
Tensiones máximas: 300/500 V
Temperaturas máximas del conductor:
- En servicio continuo: 70 ºC
- En cortocircuito: 160 ºC

Normas de fabricación: IRAM 247-5 (2 158).
Acondicionamiento: rollos de 100 m y bobinas de 500 m.
Aplicaciones: instalaciones móviles industriales y domésticas.
Limitación: no se pueden instalar a la vista o en bandejas porta-cables sin la debida protección mecánica.

3.02.04. Denominación popular: cable chato

Formación: bipolar
Secciones en mm^2: 0,50 – 0,75 – 1,00 – 1,50 – 2,5
Aislamiento: PVC
Envoltura: PVC
Color vaina: gris, blanco
Color de los cables: marrón y celeste
Forma exterior: plana
Tensión máxima: 300/500 V
Temperaturas máximas del conductor:
- En servicio continuo: 70 ºC
- En cortocircuito: 160 ºC

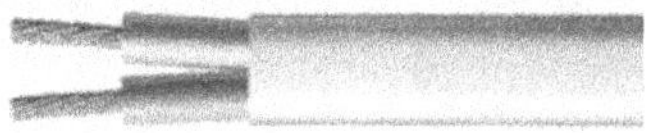

Figura 3.05
Cable chato

Normas de fabricación: IRAM NM 247-5 / IRAM NM 280 / IEC IEC 60 227-5.
Acondicionamiento: rollos de 100 m.

53

Aplicaciones: instalaciones móviles, industriales y domésticas. Aparatos portátiles en general.

Limitación: no se puede usar para artefactos de calefacción.

3.02.05. Denominación popular: subterráneo

Formación: unipolar, bipolar, tripolar y tetrapolar
Secciones en mm^2: 1,5 a 300
Aislamiento: PVC
Envoltura: redonda de PVC
Colores:

- Color de la envoltura: azul o violeta
- Color de los conductores individuales: marrón, negro, rojo y celeste

Forma exterior: cilíndrica
Tensión máxima: 1 100 V
Temperaturas:

- En servicio continuo: 70 °C
- En cortocircuito: 160 °C

Figura 3.06 Cable tipo "subterráneo"

Normas de fabricación: IRAM 2 158.
Acondicionamiento: rollos de 100 m, bobinas con largos a pedido.

Aplicaciones: distribución de la energía eléctrica en inmuebles, industrias y distribución de la energía eléctrica.

Limitación: prácticamente no posee.

3.03. CABLE PARA USO ESPECÍFICO

3.03.01. Denominación popular: cable para máquina de soldar

Formación: unipolar
Secciones en mm^2: de 6,0 a 50
Clase: 6 (extra flexible)
Aislamiento: PVC

Color: rojo-negro
Forma exterior: cilíndrica
Tensión máxima: 200 V
Temperaturas máximas del conductor:

- En servicio continuo: 130 °C
- En cortocircuito: 160 °C

Normas de fabricación: IRAM NM 280 – IEC 60 228.
Acondicionamiento: bobinas 1 000 m.
Aplicaciones: conexionado del portaelectrodo con el equipo de soldadura.

3.03.02. Denominación popular: cable para ascensores

Formación: multipolar (4 a 12)
Secciones en mm^2: 1,50 – 2,5
Aislamiento: caucho
Envoltura: neopreno
Color vaina: negro
Color de los cables: negro o blanco y uno verde-amarillo
Forma exterior: plana
Tensiones máximas: 300/500 V
Temperaturas máximas del conductor:

- En servicio continuo: 70 °C
- En cortocircuitos: 160 °C

Normas de fabricación: IRAM 2 158 (VDE tipo NYFLY).
Aplicaciones: grúas, aparejos, puentes-grúas y distintos equipos utilizados en las industrias metalúrgicas.
Característica especial: extra-flexibilidad.

3.03.03. Denominación popular: cable para sistemas móviles

Formación: multipolar (4 a 12)
Secciones en mm^2: 1,50 – 2,5
Aislamiento: caucho
Envoltura: neopreno
Color vaina: negro
Color de los cables: negro o blanco y uno verde-amarillo

Figura 3.07 Cable para sistemas móviles

Forma exterior: plana
Tensiones máximas: 300/500 V
Temperaturas máximas del conductor:

• En servicio continuo: 70 ºC
• En cortocircuitos: 160 ºC

Normas de fabricación: IRAM 2 158 (VDE tipo NYFLY).
Aplicaciones: grúas, aparejos, puentes-grúas y distintos equipos utilizados en las industrias metalúrgicas.
Característica especial: extra-flexibilidad.

3.03.04. Denominación popular: cable para bombas sumergible

Formación: tripolar y tetrapolar
Secciones en mm^2: de 1,0 a 25
Clase: 5 (extra flexible)
Aislamiento: PVC
Envoltura: PVC
Colores:

• De la envoltura: gris
• De los cables individuales: marrón, negro, rojo, celeste y verde-amarillo

Forma exterior: plana
Tensión máxima: 450/750 V

Figura 3.08 Cable para bombas sumergibles

Temperaturas máximas del conductor:

- En servicio continuo: 70 °C
- En cortocircuito: 160 °C

Normas de fabricación: IRAM NM 280 – IEC 60 228.
Acondicionamiento: bobinas 1 000 m.
Aplicaciones: alimentación de electro-bombas sumergibles.

3.04. CABLE PARA COMANDO, CONTROL, SEÑALIZACIÓN Y MEDICIÓN

Denominación popular: piloto o de comando y señalización
Formación: multipolar (5, 7, 10, 12, 14, 19 y 24)
Secciones en mm^2: 1,00 - 1,50 - 2,5
Aislamiento: PVC
Vaina exterior: PVC
Color de la envoltura: violeta
Color de los cables individuales: blanco o negro.
Identificación de los cables individuales: numerados a partir del número 1
Forma exterior: cilíndrica
Protección mecánica: con o sin armadura metálica
Tensión máxima: 1,1 KV
Categoría: II
Temperaturas:

- En servicio continuo: 70 °C
- En cortocircuito: 160 °C

Normas de fabricación: IRAM 2 268, IEC 60 502-1.
Acondicionamiento: en bobinas con largos acorde al pedido.
Aplicaciones: circuitos de comando, control, señalización y medición.

Figura 3.09 Cable para comando, control, señalización y medición

3.05. CABLE PARA USO ESPECIAL

3.05.01. Denominación popular: cable para temperatura (alta o baja)

Formación: unipolar, bipolar, tripolar o tetrapolar
Secciones en mm^2: 0,25 a 300
Aislamiento: caucho-silicona, caucho-silicona y fibra de vidrio, teflón, fibra de vidrio
Blindaje: sí o no
Envoltura: según el tipo
Color de la envoltura: varios
Color de los cables individuales: varios y verde-amarillo.
Forma exterior: cilíndrica
Protección mecánica: con o sin armadura metálica
Tensiones máximas: 300/500 (en general 500 V)
Temperaturas de trabajo: desde los -60 a + 250 ºC según el tipo
•En servicio continuo: 70 ºC
•En cortocircuito: 160 ºC
Normas de fabricación: IRAM 2 268, IEC 60 502-1.
Acondicionamiento: de acuerdo con el largo pedido.
Aplicaciones: circuitos de comando, control, señalización y medición.

Figura 3.10 Cable aislado con silicona y blindaje para altas temperaturas

3.06. CABLES PARA SEÑALES

3.06.01. Introducción

La implementación de avanzados sistemas de control y comando que imponen los métodos productivos hace que surjan distintas necesidades para la interconexión de los diversos elementos componentes, lo cual a su vez se hace en ambientes en donde se generan campos elec - tro-magnéticos y electro-estáticos que provocan inducciones o señales espurias en cables que la conducen a los distintos equipos ocasionando disturbios en su normal funcionamiento.

Esto hace que la selección e instalación de los cables destinados a la transmisión de señales deba ser cuidadosamente realizada, para lo cual se deben observar los distintos componentes de los mismos, como material, aislamiento, pantallas, etc.

3.06.02. Cable para la transmisión de señales

Denominación popular: coaxial
Formación: unipolar
Secciones en mm^2: 0,60
Aislamiento: polietileno + malla de cobre + cubierta externa de PVC
Densidad de la malla de cobre: 70 y 96%
Color de la envoltura: negra
Forma exterior: cilíndrica
Capacidad [pF/m]: 69
Tipo: RG 59 – 75 ohm
Normas de fabricación: IRAM 4 045
Acondicionamiento: de acuerdo con el pedido
Aplicaciones: circuitos de video, CATV y CCTV

Figura 3.11 Cables tipo coaxial

3.06.03. Cable para instrumentación

Dada la importancia que adquiere el uso de este tipo de cable se hace necesario retomar algunos conceptos expresados anteriormente Si bien cada componente funcionalmente es igual, dado que las exigencias pueden ser mayores se hace necesario ver algunas características particulares.

3.06.03.01. *Aislamientos*

Aunque los usos sean distintos a los planteados en el ítem anterior también es válida la clasificación de los materiales plásticos aislantes en dos grandes grupos como los siguientes, para lo cual valdrán las consideraciones previas de los que se repiten:

1. Termo-plásticos
- Poli-cloruro de vinilo
- Polietileno de baja densidad
- Polietileno de alta densidad
- Polipropileno
- Poliamida (Nylon)
- Caucho termo-plástico

2. Termo-elásticos
- Polietileno reticulado (XLPE)
- Caucho de siliconas
- Caucho etileno propileno (EPR)
- Neopreno

3.06.03.02. *Blindaje*

Introducción: los cables destinados a instrumentación son los responsables de conducir las señales eléctricas emitidas por los sensores que se instalan a lo largo de los sistemas productivos para determinar el valor que adquieren los distintos parámetros, así como también llevar órdenes o señales de actuación a diversos elementos (válvulas, actuadores, etc.). En algunos casos las corrientes o las tensiones son de pequeña magnitud (4-20 mA o 5-10 V).

Estos cables deben atravesar los distintos sectores en que se divide una planta para llevar esas señales a las salas de control o comando. En esos recorridos se sufren las influencias de los campos electro-magnéticos o electro-estáticos que inducen tensiones que luego generan corrientes de muy diversos valores, que en algunos casos adquieren valores parecidos a los de las señales. Para evitar esto es que se debe dotar al cable de control de un blindaje que por tener variadas formas constructivas emplean distintos materiales. Los blindajes se combinan con los distintos tipos de materiales aislantes para conferirle al cable la característica necesaria para poder operar correctamente.

- Malla o trenza de cobre
- Malla o trenza de aluminio
- Cinta de cobre
- Cinta de aluminio
- Cinta de polietileno
- Tubo corrugado de cobre
- Papel de aluminio

Estos elementos se combinan de acuerdo con las exigencias.

3.06.03.03. *Armadura*

La armadura de un cable constituye la protección mecánica propia del cable; su selección depende de ciertos factores que están relacionados con el medio en el cual se tenderá el cable o sea de la posible agresión mecánica que puede sufrir. Por ello es posible encontrar las siguientes:

- Fleje de acero
- Alambres de acero
- Trenza de acero
- Fleje de acero corrugado

3.06.03.04. *Vaina externa*

La selección del material destinado a la vaina externa depende del ambiente en el cuál se instalará el cable, es así que es posible encontrarlas fabricada con alguno de los siguientes elementos:

- Poli-cloruro de vinilo
- Polietileno de baja densidad
- Caucho termo-plástico
- Caucho de siliconas
- Neoprene

Como una variante de estas se podría considerar a las cubiertas estancas a prueba de agua, necesarias como su nombre lo señala para cables que van a estar en contacto con el agua o sumergidos en ella.

Nota: el tema de los cables para instrumentos o señales presenta una variedad muy extensa en cuanto a las exigencias, que su vez se traducen en aspectos constructivos, por lo que su tratamiento excede la pretensión de esta publicación.

3.06.04. Termocuplas o termopares

Si bien se trata de instrumentación, por su especificidad se ha separado de los otros tipos de cables para instrumentación, los cuales serán tratados a continuación.

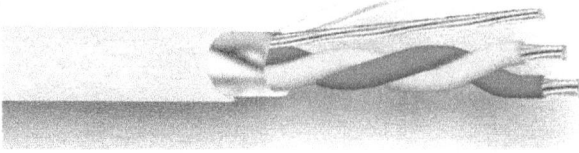

Figura 3.12 Cable para termo-cupla

El conocimiento de la temperatura es imprescindible en los procesos industriales. Por ello es necesario su medición. Esto se efectúa por diversos medios, siendo uno de ellos el que utiliza las denominadas termo-cuplas o termo-pares, que se basan en fenómenos termoeléctricos. Estos se basan en la unión de dos metales de distinto tipo que se someten a diferentes temperaturas en sus extremos, lo cual genera una diferencia de potencial que termina siendo proporcional a la temperatura a medir. Estos efectos llevan los nombres de sus descubridores: Seebeck, Peltier y Thompson.

Existen distintos tipos de termo-pares o termo-cuplas de acuerdo con el rango de temperatura en la cual se las puede emplear y se identifican por medio de letras, por ejemplo: E, J, T, etc., y también se recurre a códigos de colores (ASTM, ANSI, IEC, BS, etc.).

Dadas las características de los metales componentes del termo-par o termo-cupla se hace necesario que el cable de conexión de cada uno de estos tipos con el respectivo instrumento sea del mismo material.

De esta manera es posible encontrar cables destinados a esta función con distintos aislamientos (de acuerdo con la temperatura ambiente del lugar donde estarán instalados), diversas formaciones y protecciones mecánicas.

3.07. CONDUCTORES Y CABLES DESTINADOS A LA DISTRIBUCIÓN DE LA ENERGÍA ELÉCTRICA

3.07.01. Introducción

Las viviendas, locales, oficinas y las pequeñas empresas comerciales o industriales hacen uso de la energía eléctrica de baja tensión, lo cual significa que en esos rubros se concentra la gran mayoría de los usuarios o clientes de las empresas que la distribuyen. Esta gran cantidad de usuarios se encuentran esparcidos en toda la superficie que comprenden las ciudades o localidades, poque sin ninguna duda y sin exclusión social todos los habitantes de los conglomerados urbanos cuentan con la energía eléctrica.

Si bien lo óptimo sería utilizar cables tendidos en forma subterránea, la realidad económica hace que se deba recurrir a tendidos aéreos, con lo que ello significa desde el punto de vista de la seguridad, la ecología y de la economía de los usuarios (riesgos) y de las empresas distribuidoras (hurto de la energía eléctrica).

Para poder ejecutar cualquiera de estos tipos de distribuciones, el mercado ofrece una variedad de productos cuyas características principales veremos a continuación.

La distribución de la energía eléctrica se hace mediante redes compuestas por cables (del tipo energía y pre-ensamblados) y por conductores fijados sobre aisladores. Los cables del tipo energía se tienden en forma subterránea, en cambio las redes de pre-ensamblado se tienden soportadas en postes o bien fijada a los frentes de los inmuebles cuando es posible.

Los conductores montados sobre aisladores constituyen las denominadas líneas aéreas, las cuales se forman con conductores fijados por aisladores los cuales a su vez van sujetoa a ménsulas, postes o columnas.

Si bien las tecnologías empleadas para hacer la distribución de la energía eléctrica son similares, naturalmente están regidas por el nivel de la tensión; en este caso solo se tratarán las que se utilizan para baja tensión.

De la misma forma en que se han tratado los conductores y cables para el empleo de la energía eléctrica y otros usos, corresponde ver los tipos que se emplean para la distribución de la energía eléctrica, en cuanto a sus formas constructivas y componentes.

Se realizará la de los más comúnmente empleados y en forma general, no sin dejar de señalar que existen otros de utilización específica y cuya descripción supera las posibilidades de esta publicación. Cuando se desee emplear algún otro tipo que tenga características es - pecíficas se deberá recurrir al catálogo técnico o a las especificaciones que brinden los fabricantes.

3.07.02. Tipos de conductores y cables

Dentro de los conductores y cables que se utilizan para distribuir la energía eléctrica de baja tensión (tensión menor a 1 kV) podemos ver los siguientes tipos:

- cables tipo energía
- pre-ensamblados
- anti-fraudes
- líneas aéreas

3.07.03. Materiales conductores

En los sistemas de distribución de la energía eléctrica de baja tensión, tanto sea empleando cable del tipo energía (subterráneos), línea aérea o por cable pre-ensamblado, los conductores se fabrican empleando cobre o bien aluminio.

Para las distribuciones mediante líneas aéreas en cambio se emplea el aluminio y sus aleaciones.

3.07.04. Materiales aislantes

El tipo de aislamiento varía según el tipo de conductores o cable seleccionado.

En el caso de los cables de energía los ya vistos en la descripción correspondiente, o sea en PVC o polietileno reticulado; en el caso de los cables pre-ensamblados se emplea polietileno reticulado.

3.07.05. Formas de tendido

La distribución de la energía eléctrica se hace tendiendo a los conductores o cables de la siguiente manera de acuerdo con su construcción.

- cables de energía: en forma subterránea, pudiendo ser en conductos o bien directamente enterrados,
- cables pre-ensamblados: en forma aérea, suspendidos en postes o en los frentes de las fachadas de los inmuebles,
- cables antifraude: ídem a los anteriores,
- líneas aéreas: conductores tendidos sobre aisladores fijados a soportes.

3.08. CONDUCTORES

3.08.01. Cobre

Material: cuerdas de cobre duro
Formación: 7, 19 o 37 alambres de distintos diámetros
Secciones en mm^2: desde 4 a 240 en los saltos convencionales
Forma exterior: cilíndrica
Normas de fabricación: IRAM 2 004
Acondicionamiento: en bobinas con largos de acuerdo con el pedido.
Aplicaciones: líneas aéreas y conexiones a tierra

3.08.02 Aluminio

Material: cuerdas redondas de aluminio con alma de acero. La relación aluminio-acero es variable y depende la resistencia mecánica y capacidad de corriente necesaria.

Formación del aluminio: 6,7, 18, 24, 26 y 30, alambres de distintos diámetros

Formación del acero: 1 y 7 alambres de distinto diámetros

Secciones del aluminio en mm^2: desde 13,30 a 307

Forma exterior: cilíndrica

Normas de fabricación: ASTM B232

Acondicionamiento: en bobinas con largos de acuerdo con el pedido.

Aplicaciones: en general se utilizan en distribuciones mediante líneas aéreas de media tensión. Se fijan mediante aisladores a las columnas o soportes.

3.09. CABLES

3.09.01. Cables tipo energía

Valen las consideraciones realizadas en el capitulo 7.

3.09.02. Cables pre-ensamblado

- Denominación popular: preensamblados
- Conductores en cuerdas torzal: aluminio

- Secciones:
- sin conductor de alumbrado: 3x25/50 a 3x95/50 mm^2
- con un conductor de alumbrado: 3x25/50+16 a 3x95/50+25 mm^2
- con dos conductores para alumbrado: 3x25/50+2x16 a 3x95/50+2x25 mm^2
- Aislamiento: polietileno reticulado (XLPE)
- Color de la vaina: negro
- Forma exterior: la de cables retorcidos sobre si mismos
- Tensión máxima: 1,1 kV
- Temperatura de operación normal del conductor: 90 °C
- Temperatura en sobrecarga de emergencia del conductor: 130 °C

Figura 3.13 Cable tipo pre-ensamblado

- Temperatura máxima en cortocircuito: 250 °C
- Norma de fabricación: IRAM 2 263
- Aplicaciones: distribución de la energía eléctrica y alumbrado en zonas rurales, urbanas y suburbanas.

3.09.03. Cable antirrobo

- Denominación popular: antirrobo o antifraude
- Formación: bipolar, tripolar y tetrapolar
- Secciones en mm^2: 4 y 6
- Aislamiento: polietileno reticulado
- Envoltura: polietileno

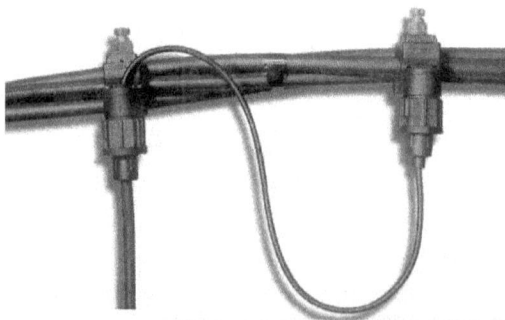

Figura 3.14 Cable antifraude

- Color de las envolturas: negras
- Color de los cables individuales: negro
- Forma exterior: cilíndrica
- Tensión máxima: 600 V
- Temperaturas máximas del conductor:
- En servicio continuo: 70 ºC
- En cortocircuito: 160 ºC
- Temperatura ambiente:
- Máxima 45 ºC
- Mínima –10 ºC
- Normas de fabricación: IRAM 2 178 y 2 263
- Acondicionamiento: bobinas 1 000 m
- Aplicaciones: acometidas a usuarios desde la red de distribución

3.09.04. Cables para acometida aérea antihurto

Es un cable formado por un conductor de cobre recocido para fase, aislado con XLPE y recubierto con una capa de alambre de cobre recocido sobre toda la periferia, cableados en forma helicoidal en la cantidad necesaria, constituyendo el neutro concéntrico sobre el conductor de la fase.

Sobre el mismo se aplica una cinta poliéster a manera de separador con la vaina aislante exterior de XLPE o PVC negro resistente a la intemperie.

Figura 3.15 Conducto de barras

Por su diseño es especialmente recomendado para derivaciones entre la línea de distribución preensamblada, transformador o caja de derivación y el medidor del consumo del usuario, sin conexiones intermedias, lo cual hace disminuir el riesgo de hurto de energía.

Su instalación exige el uso de fusibles aéreos, conectados inmediatamente a la derivación del cable preensamblado, transformador o caja de derivación para que en el caso de cortocircuito en el cable por intento de conexión clandestina se interrumpa la alimentación, poniendo en evidencia el ilícito.

3.10. OTROS CONDUCTORES DE USO FRECUENTE

3.10.01. Conducto de barras

Se denomina de esta manera a una **canalización eléctrica** for - mada por una **envolvente de protección** y conductores del tipo barra convenientemente soportado por aisladores. También son conocidos como blindo-barras, canalizaciones eléctricas prefabricadas, etc.

Están destinadas a conducir corrientes eléctricas tanto sean de relativos bajos a muy elevados valores según el empleo que se haga. En general se los utiliza en este último caso.

Originalmente fueron creados para aquellas industrias (sobre todo la automotriz) que debían variar la disposición de las máquinas-herramientas de acuerdo con el producto final que estaban procesando, pero también se han impuesto para otros tipos de usos incluyendo a los inmuebles.

Es más apropiado denominar a este tipo de canalización eléctrica como **sistema**, ya que para lograr un tendido completo se hacen necesarios distintos elementos componentes (se asemeja a los sistemas de bandejas porta-cables) tales como: tramo recto, derivaciones, curvas, cajas para interruptores, etc.

La envolvente de protección es de chapa de acero fijada a una estructura de perfiles o bien del tipo autoportante. El grado de protección mecánico (código IP) se establece de acuerdo con las condiciones ambientales del lugar en que se montarán. El diseño de la misma debe tener en cuenta la disipación de calor de las barras, así como la hermeticidad en caso de ser montadas a la intemperie y la condensación de humedad en el interior; siendo necesaria también la posibilidad de acceder a su interior para la verificación y ajuste de las barras (entre sí o a los aisladores).

Los conductores que la forman son tres o cuatro según la necesidad y el material: cobre o aluminio, su sección transversal es de forma rectangular o bien como la de algún perfil determinado según el fabricante que se trate.

En cuanto a los aisladores los mismos pueden ser los de las líneas de fabricación estándar para sistemas eléctricos o bien ser fabricados especialmente para este uso. Preferentemente se utilizan aquellos fabricados con resinas del tipo epoxi.

Los conductos de barras son fabricados para usos determinados o bien en forma estándar para aplicaciones en general. Entre los primeros se encuentran los destinados a unir los bornes de salida de un transformador, tanto en media como en baja tensión y el tablero general del mismo o sea de corrientes que pueden ser del orden entre los 1 200 y los 3 000 A). Otro fin específico son los sistemas de iluminación de grandes áreas (corrientes nominales del orden de los 25 a 50 A) de plantas industriales o inmuebles.

Se los utiliza para efectuar la distribución de la energía eléctrica desde el tablero general de baja tensión (TGBT) hasta los tablero seccionales, en estos casos las corrientes a circular pueden ser de un orden muy variables (desde los 200 a 6 300 A).

Figura 3.16 Barras de un tablero de baja tensión

3.10.02. Barras de tableros

Otra aplicación de las barras se hace en los **tableros eléctricos**. Esta aplicación es más numerosa que la anterior y se lo, hace en los empleados en, media y baja tensión.

Las barras se utilizan para conducir la corriente eléctrica dentro de los mismos, o sea distribuyendo y conectado a los componentes. Estas se fijan a los gabinetes mediante el empleo de aisladores construi - dos especialmente con resinas epoxi. Las uniones, derivaciones y empalmes se hacen mediante el empleo de tornillos, tuercas y arandelas especiales. Debiéndose prever en estas conexiones la dilatación deriva- da del calor producido por la corriente circulante por las mismas y el aportado por los diversos componentes.

Según sea la técnica constructiva y el fabricante, se emplean ba- rras principales y secundarias.

La utilización de las barras en los tableros, no queda reservada a grandes corrientes, los tableros **denominados de termo-magnéti- cas** también las emplean por la facilidad de ejecución y la seguridad que ofrecen de las conexiones atornilladas. Con respecto a estos últi- mos es preciso señalar que existen líneas de productos que proveen dispositivos para poder realizar estas conexiones de modo seguras y eficientes.

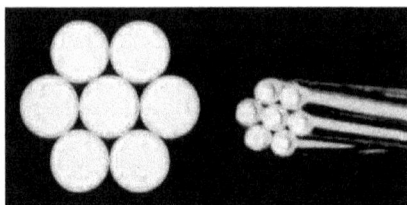

Figura 3.17 Conductor de acero re - cubierto con cobre

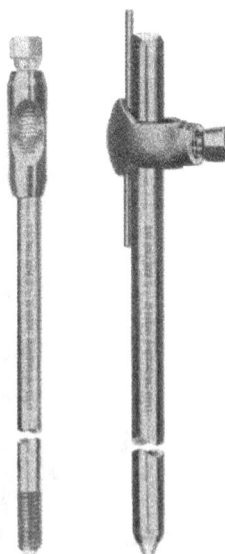

Figura 3.18
Electrodo
de puesta a tierra
(jabalina)

3.11. CONDUCTORES Y CABLES DE PROTECCIÓN

3.11.01. Introducción

La implementación de los sistemas de protección en general (contactos, sobre-tensiones, etc.) traen aparejado la interconexión y conexión a tierra de los distintos elementos (equipotencialización) que los componen, para lo cual se utilizan conductores y cables según el caso.

3.11.02. Sistemas de puesta a tierra

Hay dos tipos fundamentales de instalaciones de puesta a tierra, de acuerdo con las funciones que cumplen: las de **servicio** y las de **protección**.

Las primeras están destinadas conectar el neutro de los generadores y transformadores al sistema de puesta a tierra. La decisión de hacerlo o no obedece a razones funcionales de los sistemas de energía eléctrica. Este es un tema relacionado con la forma en que se hace la distribución de la misma.

Así es posible ver en la norma IRAM 2 379 titulada: SISTEMAS DE DISTRIBUCIÓN ELÉCTRICA EN CORRIENTE ALTERNA, cómo se clasifican los sistemas de conexión a tierra de las redes de alimentación y de las masas de las instalaciones eléctricas consumidoras. En la misma es posible ver la definición del cable de protección (PE) para los sistemas de baja tensión y está destinado a la protección de las personas y los bienes.

Si bien en ambos casos terminan siendo conectados a una puesta a tierra, cada uno presenta una particularidad.

En este último coso el citado cable PE debe recorrer toda la insta - lación eléctrica interconectando todas las masas de los componentes de la misma y luego ser conectado al sistema de puesta a tierra.

Recordemos que las masas son todas las partes conductoras de los componentes y los accesorios (cajas, gabinetes, etc.) de la instalación eléctrica que normalmente no están bajo tensión, pero que pueden llagar a estarlo si se produce la falla el aislamiento de alguno de estos componentes.

71

3.11.03. Conductores y cables utilizados

3.11.03.01. *Conductor de cobre o aluminio*

El material conductor de los cables puede ser cobre o aluminio.

1. Conductor formado por un solo alambre de cobre (clase 1). Está prohibido utilizarlo las instalaciones eléctricas, solo está permitido emplearlo dentro de los tableros eléctricos y en los sistemas de bandejas porta-cables bajo ciertas condiciones establecidas por la RIEI.

2. Conductor formado por cuerdas de cobre (clase 2 a 6). Se usa como conductor de protección PE y utilizado para la conexión del sistema de puesta a tierra y cuya identificación se hace mediante el empleo de los colores verde y amarillo en su aislamiento. Este tipo de cables se fabrica y se ensaya según las normas IRAM NM 247-3 y 62 267 (ex 2 178).

3. Conductor formado por una o varias trenzas de alambres o hilos. Se lo emplea para puesta a tierra de partes o componentes de una instalación eléctrica o equipo que tenga cierta movilidad (funcional o por dilataciones).

Figura 3.19 Malla para conexión flexible

3.11.03.02. *Conductor de acero recubierto con cobre*

Se trata de un alambre de acero recubierto con una capa de cobre estirado en frío; el conjunto es de forma cilíndrica.

Se lo puede encontrar en forma unifilar o bien formando cuerdas. Con este material también se fabrican los electrodos de puestas a tierra (jabalinas). Las características constructivas se dan en la norma IRAM 2 466.

3.11.03.03. *Conductor de acero*

El acero se emplea en forma de cable formado por cuerdas de alambre de acero cincado en caliente en las instalaciones de los pararrayos, para el conductor denominado de bajada, o sea el que une el captor o pararrayos propiamente dicho con el sistema de puesta a tierra. La sección mínima debe ser de 50 mm^2 (Norma IRAM 2 281).

También se lo utiliza en forma de barras para hacer electrodos de puesta a tierra o jabalinas; en este caso la terminación superficial es mediante cincado en caliente.

Figura 3.20 Conexión a tierra de una puerta de tablero

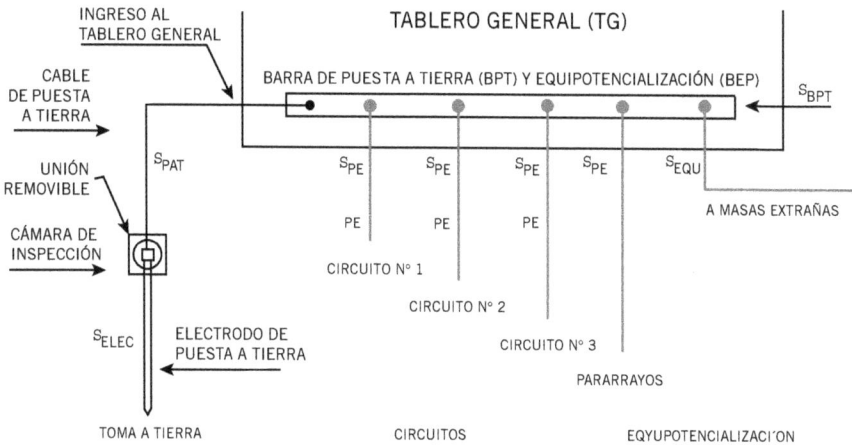

Figura 3.21 Esquema general de la puesta a tierra de un inmueble

73

CAPITULO 4

DETERMINACIÓN DE LA SECCIÓN Y PROTECCIÓN DE LOS CONDUCTORES Y CABLES

4.01. INTRODUCCIÓN

La determinación de la sección de un conductor o cable es una tarea que requiere de varias consideraciones. Aunque no es complicada, es necesario hacer un cuidadoso análisis de las condiciones en las cuales tendrá que prestar su utilidad el conductor o cable.

El análisis previo debe hacerse considerando que no es un elemento de utilización temporaria, su vida útil es de aproximadamente treinta años o más, lapso en el cual deberá conducir la energía eléctrica necesaria para lo que fue considerado: distribuir la energía eléctrica a un determinado sector o zona o bien para alimentar una carga determinada o varias de ellas.

Es necesario resaltar que las ofertas de conductores y cable que hace el mercado son bastante abundantes en cuanto a variedades constructivas. Muchas veces estas últimas surgen de las necesidades particula - res de grandes usuarios, las cuales a posteriori se vuelcan al mercado.

En consecuencia, cuando se realiza el análisis destinado a la selec - ción de un conductor o de un cable, la omisión de cualquier factor puede acarrear un problema al transcurrir el tiempo de funcionamiento con las consabidas consecuencias que ello trae aparejado, pero que a diferencia de otros elementos o componentes de una instalación eléc - trica o de otro tipo, no surgirán de inmediato.

El conductor o cable que se emplee debe ser el que realmente responde a nuestras reales exigencias, pero nunca a alguna parecida.

Los cables se construyen para un sinfín de empleos y de condiciones de uso. La intención es tratar solo aquellos que son de uso en distribuciones e instalaciones eléctricas más comunes, aunque esto no implique una definición precisa.

En consecuencia, se puede decir que entendemos por común, a los cables que se emplean para conducir la corriente eléctrica destinada a la fuerza motriz, la iluminación o bien en los sistemas de control y puesta a tierra.

En cuanto a las condiciones de tendido, las canalizaciones a emplear más utilizadas son: caños, conductos y bandejas porta-cables. La disposición física que adoptan los cables sobre o en estas últimas es variada.

En cuanto a las condiciones ambientales del tendido, es un poco más difícil predecir **un uso más común**, ya que puede ser bastantes variados, no en el uso domiciliario pero sí en el ámbito de la producción o de los servicios.

4.02. DETERMINACIÓN DE LA SECCIÓN

La determinación de la sección queda fundamentalmente determinada por una cuestión térmica (el calor desarrollado por la circulación de la corriente y su efecto sobre el material conductor y aislamiento), por la caída de tensión (que se produce a lo largo del mismo) y por el aspecto económico (derivado de la energía eléctrica disipada en forma de calor que se produce con el tiempo de uso).

En consecuencia es de fundamental importancia determinar con la mayor precisión posible la corriente eléctrica que el conductor propia - mente dicho del cable deberá conducir. Esta dependerá de las cargas y de las consideraciones que se puedan hacer respecto de las caracterís - ticas del funcionamiento de las mismas (o sea de las variaciones de la corriente con el tiempo y el ciclo de trabajo).

4.03. CAIDA DE TENSIÓN

Otra de las consecuencias de la resistencia eléctrica que le presenta el conductor al paso de la corriente eléctrica, aparte del calor desarrollado (efecto Joule), es la caída de tensión a lo largo del mismo.

Esta caída de tensión trae aparejado el hecho de que las cargas no cuenten con el valor de tensión adecuada (o nominal del consumo), o sea que se alimentarán con una tensión menor que la nominal. Recordemos que la tensión nominal es aquella para la cual se han definido las prestaciones del equipo o aparato, por ejemplo: calor desarrollado, cantidad de luz, potencia mecánica, etc.

Al respecto, se ha establecido como regla general que la caída de tensión entre el punto de alimentación a la instalación eléctrica (acometida) considerada y cualquier punto de utilización no debe superar los siguientes valores:

- instalaciones de alumbrado: 3 %
- instalaciones de fuerza motriz: 5 % (en régimen) y 15 % (en el arranque)

La caída de tensión se calculará considerando la circulación de la corriente eléctrica de todas las cargas que sean susceptibles de funcionar simultáneamente.

Se debe tener en cuenta que ciertas cargas (arranque de motores) pueden provocar elevaciones de la corriente eléctrica consumida, las cuales provocarán caídas de tensión a lo largo del o de los circuitos, que a su vez por su magnitud ocasionarán variaciones del flujo luminoso de las lámparas que sean perceptibles de ser observadas por el ojo humano o bien que impidan el arranque de los motores.

4.04. SECCIONES MÍNIMAS

Luego de la determinación de la corriente eléctrica que circulará por el conductor o conductor del cable, se elegirá la sección del mismo que, según la RIEI, no podrán ser menores a las siguientes de acuerdo con el circuito que se trate.

TABLA 4.01 SECCIONES MÍNIMAS CABLES

DESTINO DEL CABLESECCIÓN	[mm^2]
LÍNEAS PRINCIPALES	4,0
CIRCUITOS SECCIONALES	2,5
CIRCUITOS TERMINALES PARA ILUMINACIÓN DE USOS GENERALES CON CONEXIÓN FIJA O CON TOMACORRIENTES	1,5
CIRCUITOS TERMINALES PARA TOMACORRIENTES DE USOS GENERALES CIRCUITOS TERMINALES PARA ILUMINACIÓN DE USOS GENERALES QUE INCLUYEN TOMACORRIENTES DE USOS GENERALES LÍNEAS DE CIRCUITO PARA USOS ESPECIALES LÍNEAS DE CIRCUITOS PARA USOS ESPECÍFICOS (EXCEPTO MBTF)	2,5
LÍNEAS DE CIRCUITO PARA USOS ESPECÍFICOS (ALIMENTACIÓN A MBTF)	1,5
ALIMENTACIÓN A INTERRUPTORES DE EFECTO RETORNO DE LOS INTERRUPTORES DE EFECTO CONDUCTOR DE PROTECCIÓN	2,5

4.05. ASPECTO TÉRMICO

El conductor, y cualquiera sea su naturaleza, presenta una resistencia eléctrica al paso de la corriente; la misma hace que al circular se genere una cantidad de calor (Ley de Joule) que debe ser absorbida por la masa del conductor sin que le provoque ninguna alteración de sus propiedades (estructurales y morfológicas). Ese calor luego debe ser disipado al medio a través del aislamiento (en el caso de los cables); esa energía no debe alterar las propiedades del compuesto utilizado como tal.

En consecuencia cada tipo constructivo de cable tiene una temperatura de funcionamiento o de régimen establecido por la norma correspondiente. Las circulaciones de corriente por los conductores o cables se pueden hacer en dos estados: uno es el de **régimen estable**, o sea cuando circula la corriente prevista a lo largo de todo el tiempo de funcionamiento, en algunos casos la corriente nominal del equipo que está alimentando, en otros de acuerdo con los que se calcule, y en otro cuando se produce una corriente extraordinaria debida a un cortocircuito, o sea en un **régimen transitorio** (de muy breve tiempo).

Al ser posibles estos dos regímenes de corrientes el cable debe estar diseñado para los mismos. Es por ello que se da la **temperatura de régimen o régimen estable** y **la de cortocircuito o de régimen transitorio**.

4.06. CAÍDA DE TENSIÓN

En el párrafo anterior se vio que los conductores, cualquiera sea el tipo, presentan una resistencia al paso de la corriente eléctrica. Esta última al encontrar una determinada resistencia a su paso hace que se produzca una caída de tensión, la cual reduce a la que se le aplicó originalmente en el extremo. Esto es lo que se denomina caída de tensión.

Esta caída de tensión es una cuestión innata de los conductores; no puede ser eliminada y es función de la sección, longitud y material del mismo. Ello se puede reflejar mediante las fórmulas siguientes:

$$\Delta U = I \times R \qquad (4.01)$$

$$\text{si} \quad R = \rho \times L / S \qquad (4.02)$$

$$\Delta U = I \times \rho \times L / S \qquad (4.03)$$

Si consideramos que la corriente, la resistividad y la sección no varían a lo largo del cable, ni con la temperatura, tendremos:

$$\Delta U = C \times L \quad (4.04)$$

O sea que la caída de tensión (ΔU) es proporcional a la longitud.

En donde:
- ΔU: Caída de tensión a lo largo del cable
- R: Resistencia del cable
- I: Corriente que circula
- ρ: Resistividad del material conductor o resistencia específica
- L: Longitud del conductor
- S: Sección del conductor
- C: $I \times \rho / S$

Esta simple demostración se ha realizado para un circuito de corriente continua. En el caso de corriente alternada tendremos en forma equivalente:

$$U = K \times I \times L \ (R \times \cos \varphi + X \times \text{sen} \ \varphi) \quad (4.05)$$

En donde:
- U: Caída de tensión a lo largo del cable en volt
- K: Constante que toma el valor 2 para líneas monofásicas y 1,73 para líneas trifásicas
- I: Corriente que circula por el cable en ampere
- L: Longitud del cable en kilómetros
- R: Resistencia del cable en ohm por kilómetros a la temperatura de servicio a 50 Hz
- $\cos\varphi$: Factor de potencia
- X: Reactancia del cable en ohm por kilómetros a 50 Hz
- ρ: Resistividad del material conductor o resistencia específica
- $\text{sen}\varphi$: Seno del ángulo del factor de potencia

Los valores de la resistencia del cable (**R**) y de la reactancia (**X**) se obtienen de los respectivos catálogos técnicos de los cables.

Conocido o bien estimado el valor del factor de potencia de la carga o cos φ, el seno que corresponde al mismo ángulo se puede determinar mediante la siguiente fórmula:

$$\textbf{sen} \ \varphi = \sqrt{1 - \cos \varphi^2} \quad (4.06)$$

4.07. CORTOCIRCUITO

Las fuentes de energía eléctrica tienen la propiedad de suminis - trar una corriente eléctrica estable en el tiempo o sea forma conti- nuada de acuerdo con su naturaleza, pero también tienen la capaci - dad de suministrar una corriente extraordinaria durante un muy breve lapso de tiempo. La primera, es la **corriente nominal** y la se- gunda la **corriente de cortocircuito**. Tal como se anticipara esto da origen a lo que también se conoce como **régimen estable** y **régi - men transitorio**.

Esta corriente extraordinaria, de cortocircuito o de régimen tran- sitorio impone a los componentes de las instalaciones eléctricas un ré - gimen de esfuerzos térmicos (calor) y dinámicos (fuerzas) extraordina- rios. Los conductores o cables como partes componentes de estas no están exceptuadas. En consecuencia deberán estar preparados para so- portar esos esfuerzos adicionales a su normal trabajo. Es por ello que la determinación de la sección se deberá hacer contemplando la circu- lación de esta corriente de cortocircuito durante el tiempo que le per- mitan las protecciones asociadas. En realidad el término permitan sig- nifica: el tiempo propio de actuación de la protección que de acuerdo con su característica constructiva puede ser fijo o regulable, según la característica constructiva.

Una vez determinada la sección del conductor de acuerdo con la condición térmica, o sea con la corriente eléctrica calculada y para la cual se seleccionó, se hace necesario realizar una verificación también térmica con la corriente de cortocircuito.

Es aquí donde debemos tener en cuenta un factor muy importante como lo es el tiempo de apertura o de interrupción de la corriente de cortocircuito circulante por parte del dispositivo de protección. Es así que se pueden dar dos situaciones:

1. Interruptores termo-magnéticos automáticos limitadores o fusi- bles limitadores que tienen un tiempo de apertura menor a 0,1 segundos o sea 100 milisegundos.
2. Interruptores termo-magnéticos automáticos o fusibles que tie- nen un tiempo de apertura mayor a 0,1 y menores a 0,5 segun - dos, o sea mayores de 100 y menores de 500 milisegundos.

4.07.01. Dispositivos de protección con tiempos de apertura inferiores a 0,1 segundos.

La expresión que se utiliza es la siguiente:

$$\mathbf{K}^2 \ \mathbf{x} \ \mathbf{S}^2 \geq \mathbf{I}^2 \ \mathbf{x} \ \mathbf{t} \quad (4.07)$$

En donde:
- I^2 x t: energía específica pasante aguas abajo del dispositivo de protección.
- S: sección nominal del cable en milímetros cuadrados.
- K: coeficiente que tiene en cuenta el material del conductor y del aislamiento.
- K = 115 para cables con conductores de cobre aislados en PVC, de secciones menores o iguales a 300 mm^2.
- K = 103 ídem pero para secciones mayores a 300 mm^2.
- K = 143 para cables con conductores de cobre aislados en goma para propósitos generales goma butílica, goma
- etilén-propilénica o polietileno reticulado (XLPE).
- K = 76 para conductores de aluminio aislados en PVC, con secciones menores o iguales a 300 mm^2.
- k = 68 para conductores de aluminio aislados en PVC, con secciones mayores a 300 mm^2.
- k = 94 para cables con conductores de aluminio aislados en goma para propósitos generales, goma butílica, goma etilén-propilénica o polietileno reticulado (XLPE).

La expresión I^2 x t, es la **energía específica** pasante y es un parámetro característico de cada tipo de interruptor ya que es consecuencia de su forma constructiva; su valor debe ser suministrado por el fa -bricante, mediante curvas o tablas.

En consecuencia lo que nos dice la fórmula anterior (4.07) es que la energía específica del cable debe ser mayor que la que dejar pasar o circular el interruptor termo-magnético automático limitador.

La característica de limitación de los elementos de protección se clasifica por clases (1, 2 y 3), las cuales deben ser legibles en el frente de los mismos, según lo exige la norma respectiva.

4.07.02. Dispositivos de protección con tiempos de apertura comprendidos entre 0,1 y 5 segundos

Deberá realizarse mediante la utilización de la siguiente expresión:

$$S \geq Icc \times t / k \qquad (4.08)$$

Para:

$$0 \leq t \leq 5 \qquad (4.09)$$

- S [mm^2]: Sección real del conductor.
- Icc [A]: Valor eficaz de la corriente de cortocircuito.
- T [s]: Tiempo total de operación de la protección.
- K: Ídem a los anteriores.

Los valores de **k** han sido determinados considerando que los conductores se encuentran inicialmente a la temperatura máxima de servicio y que al finalizar el cortocircuito alcanza la temperatura máxima prevista, ambas regidas por la misma norma.

Es necesario señalar que el valor de las constantes llamadas **k** puede diferir de las que se dan en los catálogos, pero esa diferencia no es significativa para el resultado final, ya que generalmente la sección calculada deberá ser adaptada a las secciones comerciales.

La aplicación de esta fórmula significa que si la sección **S** es mayor o igual a la expresión de la derecha, el cable soportará la circulación de la corriente de cortocircuito **Icc** durante el tiempo **t** sin dañarse.

Nota: la comprensión de estos dos últimos ítems es de fundamental importancia ya que son la base de la protección de los cables y conductores que veremos en el próximo capitulo.

4.07.03. Protección por las corrientes de cortocircuito mínimas

La protección de los cables que forman los distintos circuitos debe ser capaz de actuar oportunamente no solo en el caso de las corrientes de cortocircuito máximas que pueden circular sino también en el caso de las corrientes de **cortocircuito mínimas,** que se establecen sobre todo en los de gran longitud. Estas corrientes son menores a las de cortocircuito máximas y mayores a las que establecen las cargas conectadas, con lo cual el elemento de protección seleccionado debe ser capaz de detectarla y actuar abriendo el circuito de acuerdo con su característica (si es fija) o bien a su regulación (si es ajustable).

4.08. ECONOMÍA

Como en todas las cuestiones técnicas la economía no puede dejar de estar presente y de hecho en este tema está y tiene fundamental importancia.

Nuevamente, nos referiremos a la resistencia del cable y a la corriente que circula por él. Solo que ahora consideraremos que esa corriente al atravesar la resistencia que le ofrece el conductor genera una potencia de pérdida que al igual que la caída de tensión es inevitable y que se obtendrá con la aplicación de la siguiente fórmula:

$$P = I^2 \times R \quad \text{[kW]} \quad (4.10)$$

En donde:
- P: Es la potencia eléctrica producida por el paso de la corriente I [kW]
- I: Intensidad de la corriente circulante [A]
- R: Resistencia del cable [ohm]

Este potencia, durante el tiempo en que está circulando esa corriente, demanda una cierta cantidad de energía eléctrica:

$$E = P \times t \quad \text{[kW-hora]} \quad (4.11)$$

En donde:
- E: Energía de pérdida [kW-h]
- P: Potencia de pérdida [kW]
- t: Tiempo [horas]

O sea que mientras estamos utilizando la energía eléctrica para los fines propuestos, hay una cierta cantidad que se disipa en forma de calor a lo largo del cable de alimentación.

Esta pérdida es inevitable, a lo cual le agregaremos que debe ser nuestra intención minimizarla, haciendo que esa resistencia que presenta el cable sea lo más baja posible. Si se mantiene la corriente eléctrica ello solo es posible lograrlo aumentando la sección del conductor, lo cual significa que también se incrementa el costo del cable. Esta nueva situación merece la atención a los fines de encontrar el punto de equilibrio entre el monto que significa el ahorro de energía eléctrica y el tiempo en que se recupera la inversión que representa una mayor sección del cable.

Esta concepción del tema es elemental y constituye una primera aproximación perfectamente válida, pero es necesario señalar que existe un método denominado **Cálculo de la sección económica de un cable**, el cual es más riguroso y más completo ya que tiene en cuenta los costos de mantenimiento, de intereses del capital inmovilizado, vida útil, etc.

4.09. SECCIÓN ADOPTADA

Luego de los distintos aspectos que hacen a la determinación de la sección de un conductor en sí mismo o el de un cable y que se ha venido desarrollando, se hace necesario resumir las condiciones que debe cumplir la sección a emplear.

1. **Térmica:** acorde a la corriente a circular.
2. **Caída de tensión:** menor a la estipulada de acuerdo con el caso que se trate.
3. **Cortocircuito:** deberá admitir en magnitud y tiempo la corriente de cortocircuito máxima y mínima.
4. **Económica:** la que tenga menor pérdida de energía eléctrica

La sección determinada según lo anterior debe cumplir en forma simultánea estas cuatro condiciones.

4.10. PROTECCIÓN DE LOS CONDUCTORES Y CABLES

4.10.01. Introducción

Una vez que se ha seleccionado el conductor o cable de acuerdo con las pautas dadas en el capítulo anterior, o sea que se tiene la sección de conductor adecuada para transportar la corriente eléctrica que requiere la carga con el aislamiento que está en concordancia con el lugar de tendido (temperatura, condiciones ambientales, condiciones mecánicas, etc.), el cable deberá ser conectado para su funcionamiento.

Durante el funcionamiento deberá ser protegido de posibles sobrecorrientes (o sea corrientes mayores a las previstas durante un período de tiempo prolongado) y cortocircuitos (corrientes muy elevadas durante un brevísimo lapso de tiempo). La protección de los conductores y cables se hace a los fines de evitar su deterioro físico que pueda derivar en un acortamiento de su vida útil o acarrear otras consecuencias.

Este capítulo está íntimamente relacionado con el Capitulo 5 titulado "Determinación de la sección".

4.10.02. Tipos de protecciones

Los dispositivos o elementos de protección que se pueden utilizar para proteger a los conductores y cables son los fusibles y los interruptores automáticos termo-magnéticos. En el primer caso hay algunos que son especialmente diseñados.

Las característica específica de cada tipo de elemento de protección se puede apreciar a través de las curvas de respuesta (tiempo-corriente).

En el caso de los fusibles de alta capacidad de ruptura (**ACR**), o sea los que comúnmente se denominan **NH**, se identifican a los que están destinados a la protección de conductores y cables con las siglas **gL**.

Los interruptores automáticos termo-magnéticos (corrientes menores a 125 A) se proveen con tres tipos distintos de curvas de respuesta de acuerdo con el tipo de carga que se quiera proteger; para este fin son los que tienen la curva de respuesta tipo **C**.

Los interruptores automáticos termo-magnéticos con corrientes nominales mayores a los 125 A presen·tan la particularidad de que las curvas de respuestas pueden variarse, por lo que para el caso de los cables habrá que hacerlo en función de la capacidad térmica máxima del conduc·tor o cable a proteger.

Figura 4.01 Fusible tipo NH o ACR

4.10.03. Protección contra sobrecargas (larga duración)

Las características de los elementos de protección (fusibles, interruptores automáticos, etc.), deberán ajustarse al siguiente criterio: una vez determinada la corriente de proyecto **Ip** del circuito que se trate y elegida la sección del conductor o cable, los valores de regulación de la protección deben cumplir con las siguientes condiciones simultáneamente:

$$Ip \leq In \leq Ic \quad (4.12)$$

$$If \leq 1,45\ Ic \quad (4.13)$$

Donde:
- Ip: corriente de proyecto de la línea o circuito a proteger.
- In: corriente nominal de la protección.
- Ic: corriente admitida por el conductor de la línea o circuito a proteger.
- If: corriente de fusión del fusible o de la protección, dentro de los 60 minutos de producida la sobrecarga.

4.10.04. Protección contra cortocircuitos (corta duración)

La primera condición que se debe tener el cuenta es que la capacidad de interrupción o poder de corte a la tensión de servicio del elementos de protección) que se quiera emplear (fusibles, interruptores automáticos, etc.) deberá ser mayor que la corriente de cortocircuito máxima que pueda presentarse en el punto donde se instalen dichos elementos (corriente de cortocircuito disponible).

Estos dispositivos de protección deberán ser capaces de interrumpir esa corriente de cortocircuito disponible, antes que produzca daños en los conductores, cables y en sus respectivas conexiones debidos a los efectos térmicos (calor) y mecánicos (fuerzas) producidos por la circulación de las mismas.

Comenzando específicamente con el ítem 4.07.01 vemos que se ha expuesto la forma de verificar la sección de los conductores o cables a la acción de las corrientes de cortocircuito, cuando se utiliza un interruptor automático termo-magnético limitador utilizando la fórmula:

$$K^2\ x\ S^2 \geq I^2\ x\ t \quad (4.14)$$

Con la misma lo que se hace en este caso es determinar la energía específica (I^2 **x t**) que tiene que tener el interruptor a los fines de que el cable no resulte dañado por la circulación de la corriente de cortocircuito. Con ese valor se ingresa al catálogo técnico para seleccionar el apropiado.

En el ítem 4.07.02 en cambio se hace la misma verificación pero para otro tipo de interruptores y mediante la fórmula:

$$S \geq Icc \times t / k \quad (4.15)$$

Con esta fórmula determinamos la sección; una vez obtenida la misma es posible especificar el tiempo de actuación de la protección para que el cable seleccionado (tipo y sección) no sea dañado, por lo cual será entonces:

$$t = S \times k / Icc \quad (4.16)$$

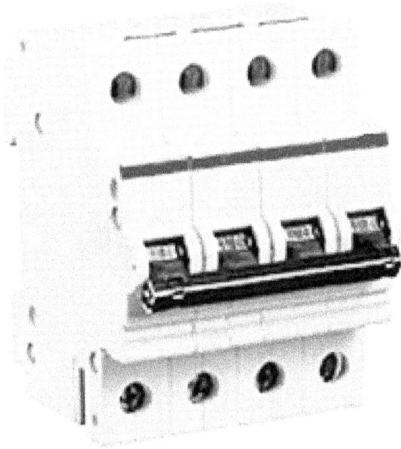

Figura 4.02. Interruptor termo-magnético automático tetrapolar (In < 125 A)

Figura 4.03. Interruptor termo-magnético automático tripolar (In > 125 A)

CAPÍTULO 5

TENDIDO DE LOS CONDUCTORES Y CABLES

5.01. INTRODUCCIÓN

La selección del tipo adecuado de conductor o cable (material, aislante y sección), según lo hemos visto es de suma importancia, pero el tema, que es la conducción de una corriente eléctrica, no se agota allí.

Al principio de esta obra se resaltó la importancia que tenían los conductores y los cables en general, pero está dada en función de que los mismos son parte de los diversos sistemas que los emplean, en consecuencia para incorporarlos tendremos que tenderlos o alojarlos, identificarlos en algún lugar o medio y luego conectarlos, para lo cual es necesario utilizar ciertos accesorios o elementos construidos a esos efectos.

5.02. UNIÓN

La unión o empalme de un conductor o cable significa que se deben unir mecánicamente los primeros y luego en el caso del segundo se debe restituir el aislamiento original.

En rigor a la seguridad y a la funcionalidad de una instalación eléctrica los empalmes directos de los conductores de los cables **no deberían hacerse**.

Pero por muy variadas razones durante el desarrollo de una obra destinada a la ejecución de una instalación eléctrica surge la necesidad de hacerlo, a los fines aprovechar tramos de cable existente o bien por razones de mantenimiento una vez que los mismos están en uso.

Las citadas uniones o empalmes **deberán quedar siempre dentro de una caja**, sea de derivación, de paso o de otro tipo. A su vez los mismos **nunca** deben quedar dentro de un caño.

Podemos decir que existen en la actualidad varias técnicas para realizar las uniones o empalmes. Es común, y de hecho lo fabrican las grandes compañías, encontrar en el mercado un conjunto de elementos destinados a la realización de empalmes o derivaciones tanto para baja como para media tensión.

La realización de empalmes y derivaciones de los cables se deben ejecutar con la tecnología que este de acuerdo con el tipo que se trate, o sea sección y aislamiento, así como del lugar físico en donde se lleva a cabo.

5.03. TÉCNICA Y ELEMENTOS DE LAS UNIONES TRADICIONALES

Se considera una buena práctica que las uniones y derivaciones de los conductores de los cables que tengan una sección menor a 4 mm^2 se hagan con un máximo de cuatro, intercalando y retorciendo las hebras, como lo muestra la Figura 5.01.

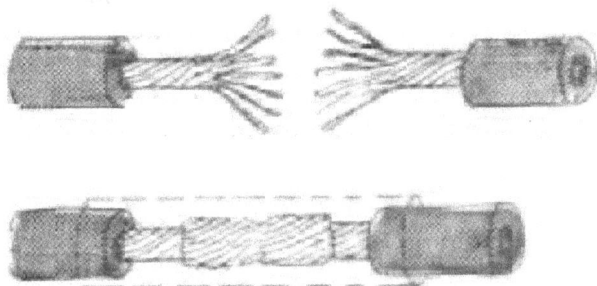

Figura 5.01 Unión de dos conductores

Para los cables con conductores cuya sección es de 4 mm^2 es prudente no sobrepasar la cantidad de tres; de tener que hacerlo se debe utilizar borneras. En cambio cuando se trata de secciones mayores de 4 mm^2 se debe recurrir al empleo de borneras en el caso de que sean más de dos conductores. Si se trata de un empalme solo de dos conductores se debe recurrir a la utilización de manguitos de empalme indentados o soldados.

Con respecto a las soldaduras debe tenerse en cuenta la tempera - tura del punto de fusión del material de aporte y la que puede alcanzar el conductor cuando circula la corriente de cortocircuito.

Una aclaración importante: las uniones y derivaciones **no deben ser sometidas a solicitaciones mecánicas**.

En cuanto al material para el aislamiento que recubre la unión mecánica de los conductores, deberá tener las mismas características dieléctricas y mecánicas que el original del cable. Existe en el merca - do una amplia variedad que permite elegir el más adecuado para cada caso.

5.03.01. Manguitos de empalme

Se utilizan para unir mecánicamente a los conductores de los cables que se quieren empalmar, según se trate de cobre o aluminio, y también permiten hacerlo entre uno de cobre y otro de aluminio o viceversa. Los conductores a unir se introducen por cada uno de los extremos del manguito y luego se comprime a los fines de lograr una unión rígida. Para hacer esta compresión se emplea una herramienta especial, cuyas características dependerán deL tamaño de la sección de los conductores. Habitualmente se proveen para las que van desde los 1,5 a los 630 mm^2.

En los manguitos para las uniones de conductores aluminio y cobre o viceversa, el agujero central no tiene continuidad,o sea que son dos agujeros que no están conectados internamente, a los fines de evitar el contacto los dos metales diferentes (cobre y aluminio), lo cual traería problemas (Figura 5.02).

El recubrimiento superficial se hace mediante el proceso de estañado.

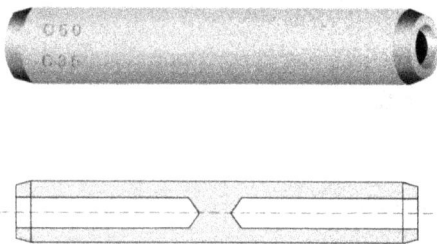

Figura 5.02 Manguito de empalme

Figura 5.03 Accesorio para empalmar

5.03.02. Elementos para el empalme de los cables

Existen elementos diseñados especialmente para hacer los empalmes o las derivaciones de los conductores de los cables. Estos dispositivos desarrollados con la más moderna tecnología permiten realizar estas acciones sin necesidad de utilizar las cintas aisladoras y con un mínimo de pelado del cable, con lo cual se gana rapidez en la realización, y seguridad mecánica y eléctrica a lo largo del tiempo (Figura 5.03).

Es también una práctica común utilizar un conjunto de elementos (kit), para realizar los empalmes y derivaciones de cables con secciones de conductores importantes (de 10 mm^2 en adelante). En un envase se suministran los terminales o manguitos y los elementos para el aislamiento de la unión mecánica de los conductores. El aislamiento puede hacer empleando cintas aisladoras o un material que se moldee alrededor del empalme, para lo cual se recurre a un sistema de moldes de - sechables. También se emplean los aislamientos de un material plástico que se contrae bajo la acción de una fuente de calor. Está ultima técnica también es usada en los cables de los sistemas de media y alta tensión.

5.03.03. Aislamientos de los empalmes y derivaciones

De acuerdo con la sección del conductor y con el material del mismo (cobre o aluminio) se hace la unión mecánica; luego hay que proceder a su aislamiento, para lo cual se puede recurrir a distintas alternativas, como veremos a continuación.

Este aislamiento se debe hacer utilizando material que tenga propiedades mecánicas y eléctricas similares a la del cable que se empalma o deriva.

Las propiedades de los aislamientos son:

- **físicas**: temperatura, punto de fusión, etc.
- **mecánicas**: elongación, resistencia a la tracción, a la radiación ultravioleta, ácidos, etc.
- **eléctricas**: rigidez dieléctrica, etc.

En cada caso (industria, inmuebles, baja o media tensión, etc.) se deberá seleccionar el que presente las mejores condiciones para cada caso. De forma parecida a los otros elementos utilizados en las instalaciones eléctricas, se fabrican bajo normas.

5.03.04. Cintas aisladoras

Se utilizan en todos los sistemas de conducción de la energía eléctrica y mucho más ampliamente en las instalaciones eléctricas de baja tensión para aislar los empalmes y derivaciones de los conductores.

Existen diversos tipos de acuerdo con el cable con que se las va a utilizar. En general son autoadhesivas de material plástico o de fibra textil. Existen otros tipos de acuerdo con el uso específico que se les dé, por ejemplo: cables telefónicos.

Las características generales son: corte fácil, buena elongación, fácil desenrollado, buena adhesión y también auto-extinguible.

En cuanto a sus dimensiones, el espesor varía entre los 0,10 y 0,18 mm aproximadamente y su ancho oscila entre los 18 y 19 mm; los rollos suelen tener largos de hasta 20 m. Las de PVC se fabrican de diversos colores (negro, blanco, verde, azul, rojo y amarillo), en cambio las del tipo textil vienene en blanco y negro.

La fabricación y ensayos se rigen por las normas IRAM 2 454 y IEC 60 454.

5.03.05. Material termo-contraíble

Son materiales plásticos flexibles que presentan la propiedad de contraerse bajo la acción del calor (90 a 100 °C), lo cual hace que se junten perfectamente a la superficie del conductor. A su vez presentan propiedades como la de ser retardantes de la llama, resistentes al ataque de productos químicos de diversas índoles (aceites, etc.).

Se les puede suministrar calor mediante una herramienta de mano denominada habitualmente **pistola de calor** o bien, si las dimensiones lo requieren, con un quemador portátil a gas.

Este material se emplea tanto en empalmes de cables para baja y media tensión como para recubrir barras conductoras. Se utilizan también en cables de muy pequeñas secciones (como los utilizados en electrónica) a grandes secciones.

Se presentan en el mercado con las formas siguientes:

- **Tubos**: el material termo-contraíble se presenta en forma de un tubo flexible que se provee en rollos con distintos diámetros, desde lo que puede ser un cable tipo telefónico hasta la mayor sección de un cable tipo energía (630 mm^2).

• **Mantas**: su nombre deriva del hecho de que se provee en trozos cuadrados o rectangulares; con ellos se cubre la zona del empalme y luego mediante la técnica antes explicada se le suministra calor a los efectos de lograr su contracción sobre las partes conductoras.

5.04. IDENTIFICACIÓN

En una instalación eléctrica destinada a una vivienda, local u ofi -cina, así como las de circuitos sencillos, es muy probable que se pueda lograr una buena identificación de los cables utilizando aislamientos de distintos colores.

Pero cuando se trata de sistemas eléctricos de fuerza motriz o control que puedan ser más complejos (que puedan llegar a cientos o miles los cables), indudablemente se deberá recurrir a algo más preciso que los colores para poder identificarlos.

En el mercado existe una gran diversidad de ofertas de los sistemas para identificar a los cables. Los mismos van desde los clásicos **anillos o perlas** de material plástico, hasta sistemas que se pueden operar mediante la utilización de ordenadores o equipos basados en microprocesadores que son diseñados a esos efectos.

En las Figuras 5.04 y 5.05 se muestran distintas identificaciones; en el mercado existen también otros sistemas.

Figuras 5.04 y 5.05 Identificaciones de un cable

5.05 FIJACIÓN

La circulación de la corriente eléctrica por los conductores en general (conductores propiamente dichos y de los cables), hace que se generen fuerzas entre ellos debido a la interacción de los campos electromagnéticos producidos por las mismas. Durante el funcionamiento normal, o sea cuando circula la corriente nominal, estas fuerzas no son de una magnitud importante, pero cuando ocurre un cortocircuito, las corrientes son muy elevadas por lo cual los valores de estas fuerzas son extremadamente importantes y tienden a desprenderse de su fijación o desconectar los cables de los bornes a los que se encuentran conectados, o en los empalmes, con el consiguiente aumento de los efectos perjudiciales (generación de cortocircuitos a tierra, chispas, etc.).

Es por ello que los cables siempre requieren estar fuertemente fijados a soportes que se deben disponen a esos efectos, a fin de evitar que los esfuerzos se hagan directamente sobre los bornes; en el caso de las bandejas porta-cables se aprovechan los peldaños o las perforaciones para fijarlos mediante el empleo de precintos, y en los tableros eléctricos se disponen barras o soportes especiales.

5.05.01. Precinto

Son elementos destinados a fijar los cables a los soportes fijos colocados a estos efectos o a las bandejas porta-cables. Los primeros se disponen en el ingreso de los cables a los tableros, de esa manera en caso de cortocircuito o alguna acción mecánica no se desconecten los cables de los bornes, evitando así mayores daños.

Se fabrican con un material plástico (poliamida 66) auto-extinguible; no requieren de herramientas para su instalación. En un extremo tienen una cierta disposición constructiva que hace que, sumado al ranurado que presenta en todo su largo y de una cara solamente, se puedan ajustar fácilmente. Se proveen de distintas longitudes de modo de abarcar distintas cantidades de cables. El ancho está comprendido entre los 2,5 y 6,5 mm aproximadamente, dependiendo de las marcas y del esfuerzo que se puede hacer desde el extremo de los mismos (Figura 5.06).

Figura 5.06 Precinto

5.05.02. Prensa-cable

Se utilizan en el caso de los cables que deban ingresar o salir de una caja de paso, de conexión o de una luminaria, tablero o caja de conexión de un equipo (motor, censor, etc.). Cumplen la función de fijar el cable de forma tal que el aislamiento del mismo no roce contra algún elemento metálico cortante (chapa del tablero por ejemplo) que con el correr del tiempo lo deteriore. La pieza que ajusta propiamente al cable se construye con material plástico flexible, mientras que el cuerpo puede ser de material plástico, bronce o aluminio que es el que se fija al elemento de chapa (Figura 5.07).

Figura 5.07 Prensa-cable

La otra función que cumplen, es hacer que esa transición del cable a una caja de paso, tablero o equipo sea estanca, evitando de esta manera el ingreso de líquidos o polvos provenientes del medio en donde está instalado.

Los que se utilizan para cables se denominan prensa-cables machos, ya que las hembras están destinados a los caños.

Se fabrican de aluminio, bronce y polipropileno, con roscas denominadas eléctrica (BSC) y gas (BSP).

5.05.03. Morsetería

Con este término se denomina habitualmente a los materiales destinados a la conexión de los cables y conductores de las líneas aéreas de baja, media, alta y extra alta tensión a los aisladores soportes o barras conductoras. También sirven para hacer derivaciones de los conductores tipo barras a otras barras o a cables. Se fabrican en forma estándar.

5.05.04. Terminal

El nombre de **Terminal** surge del propio significado de la palabra: lo que está en el extremo. En este caso estará en el extremo del cable y más precisamente en el extremo del conductor propiamente dicho, y es el que se conecta a una parte fija de la instalación eléctrica o sea, a un borne, que puede ser de conexión propiamente dicho o al de un aparato de maniobra o protección (interruptor, contactor, etc.) (Figuras 5.08, 5.09 y 5.10).

Figura 5.08
Terminal cerrado

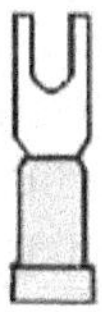

Figura 5.09
Terminal abierto

Figura 5.10
Terminal para indentar

Vale decir, se trata de un punto de transición entre el conductor del cable y un componente de la instalación eléctrica, que es un borne, el cual puede pertenecer a un interruptor, a un sistema de bornes propia - mente dicho, etc. Deberá ser capaz de permitir el paso de la corriente eléctrica que transporta el conductor del cable. Al no ser parte del mismo quiere decir que hay una unión y por lo tanto una resistencia eléctrica. La misma deberá ser lo más baja posible, ya que una corriente que pasa a través de una resistencia eléctrica desarrolla calor, que es proporcional al cuadrado de la primera. El calor y el tiempo hacen que los aislamientos se deterioren (el cable y el borne).

En consecuencia, los terminales juegan un papel importante en un sistema eléctrico y es por ello que se hace necesario prestarle la debida atención, cosa que no siempre es así y de esa manera es como se producen problemas que acarrean a otros más importantes para el resto de las instalaciones (eléctricas o de producción).

En la técnica constructiva de las instalaciones eléctricas de los inmuebles, en general no se utilizan terminales, ya que los conductores de los cables se conectan a los interruptores mediante los tornillos que estos mismos poseen, y algunas de líneas de fabricación ya se han prescindido de ellos, o sea se fijan mediante la presión de un resorte. Esto es debido a que son secciones pequeñas y hay poco espacio disponible en las cajas rectangulares que alojan a los interruptores, pero para cables con conductores de secciones mayores se emplean terminales.

Cabe señalar que las conexiones siempre se deben hacer con terminales, independientemente del tamaño de la sección del cable. El caso anteriormente comentado constituye evidentemente una excepción ya que es posible ver en otras aplicaciones cables con conductor de menor sección de las que se utilizan habitualmente en una instalación eléctrica domiciliaria conectado mediante terminales.

Existe una gran variedad constructiva de terminales, de acuerdo con la sección del conductor y al empleo; cada uno de ellos tiene una técnica de fijación que viene dada por el fabricante. Para el ajuste del terminal al conductor se utiliza una herramienta diseñada especialmente, la pinza de indentar.

5.06. HERRAMIENTAS

La realización de los trabajos relacionados con los conductores y cables requiere de la utilización de herramientas especialmente diseñadas. Debe tenerse en cuenta que un cable está formado por un material aislante y otro conductor, que por sus características son susceptibles de sufrir daños mecánicos durante su manipuleo, por lo cual los trabajos a realizar sobre los mismos requieren de ciertos cuidados, así como la utilización de los medios propicios.

La alteración del aislamiento o del conductor puede no detectarse a simple vista y por lo tanto no tener consecuencias inmediatas, lo cual a veces no es fácilmente detectable en el momento de la ejecución de la obra.

Para indentar los terminales se utilizan pinzas que varían su medida de acuerdo con el tamaño de los terminales que se usan de según las secciones de los conductores.

También se pueden encontrar herramientas destinadas a quitar el aislamiento de los cables (pelar) sin dañar o alterar al conductor del mismo. Otros tipos son las que están destinadas al corte del cable propiamente dicho.

Entre los tipos de terminales se encuentran los pre-aislados, los cuales también requieren de una herramienta para su fijación al conductor (Figuras 5.11, 5.12 y 5.13).

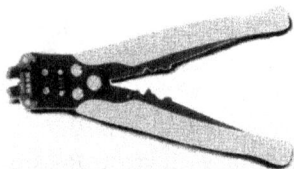

Figura 5.11 Pinza para pelar cables

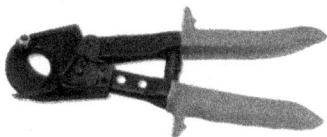

Figura 5.12
Pinza para cortar cables

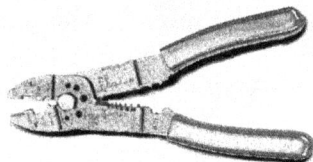

Figura 5.13
Pinza para indentar cables

5.07. CANALIZACIONES

Para poder utilizar los conductores y cables (de todos los tipos) es necesario que los mismos estén soportados mediante algún medio que debe poder alojarlos mecánicamente y no provocarles un daño mecánico cuando se trata de los primeros o una alteración en los segundos; este recurso constituye una **canalización**.

En el caso de las líneas aéreas los conductores se fijan a las columnas mediante el empleo de diversos tipos de aisladores y accesorios llamados herrajes o morsetería.

Para los cables, en cambio, se dispone de muchos más medios de soportarlos o de alojarlos que se detallan a continuación. Cada uno de estos a su vez presenta variaciones en sus distintos tipos y formas constructivas, así como también distintas terminaciones superficiales. Es así como podemos encontrar:

- Caños: de acero (común y galvanizado) y de PVC (flexibles y rígidos).
- Bandejas porta-cables de acero: tipo escalera y perforadas.
- Bandejas porta-cables de otros tipos de materiales como: plástico, aluminio, acero inoxidable y alambres.
- Conductos de acero: perfil tipo C o perfiles registrables.
- Canales de cables de plástico (PVC): continuos, ranurados, simples y múltiples.
- Grapas: con diversas formas constructivas para fijar los cables a paredes o estructuras.

A su vez, cada uno de los sistemas mencionados cuenta con los accesorios necesarios para la construcción de los sistemas completos. Como ser en los caños: cajas de diversos tipos (rectangulares, octogonales, cuadradas, etc.), tuercas, boquillas, etc.; en el caso de las bandejas porta-cables: cuplas, soportes, tapas, etc.

El agrupamiento de cables en los caños trae aparejada una disminución de su capacidad de conducción. Los fabricantes dan los coeficientes de reducción de la capacidad de conducción en función de las cantidades y disposiciones que adoptan.

Es necesario destacar que los fabricantes de cables habitualmente dan en sus manuales directivas respecto de lo que implica la instalación en cada uno de los distintos tipos constructivos de los soportes.

De todos modos, como regla general se puede decir que en el caso de los caños y los cables-canales solo se puede ocupar el **35 %** de su sec - ción libre o interior.

En el caso de los perfiles tipo C, dependiendo si la cupla es interior o exterior, el llenado puede ser del 35 % o el 45 % respectivamente.

Para la instalación en bandejas porta-cables los mismos se deben fijar dejando una separación equivalente a un diámetro del cable.

Para ampliar el tema de las canalizaciones eléctricas se recomienda el libro **Introducción a las instalaciones eléctricas en inmuebles** (de Alberto Farina, editado por Librería y Editorial Alsina).

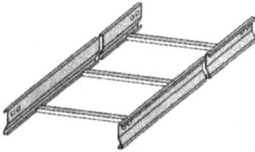

Figura 5.14
Bandeja porta-cable

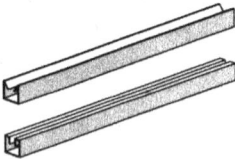

Figura 5.15
Perfil tipo C

Figura 5.16
Cable-canal

5.08. TENDIDO

Entendemos como tendido a la acción de colocar el conductor o cable en el tipo de soporte elegido (canalización).

Dependiendo del tipo de conductor o cable, los fabricantes suelen dar las recomendaciones necesarias como para poder tenderlo sin que se ocasionen daños mecánicos.

La acción del tendido debe hacerse teniendo en cuenta la sección, el tipo de conductor y el aislamiento.

Cualquier acción que se efectúe sobre el cable se deberá realizar teniendo la precaución de no dañar el aislamiento, o sea que no se disminuya su espesor, lo que puede ocurrir por una incisión o corte del mismo o por estiramiento. Es por ello que un factor importante es tener en cuenta el radio mínimo de curvatura, lo cual está dado por el fabricante (en general diez veces el diámetro del cable).

El segundo de los factores a tener en cuenta es la sección del conductor propiamente dicho, la cual puede ser disminuida por razones muy parecidas a las mencionadas para los aislamientos. Se puede producir por cortes transversales o bien debido al estiramiento. Esto último suele suceder durante el tendido en caños fundamentalmente, porque se le aplican fuerzas mayores a la permitida. La fuerza dividida por la sección da un valor de tensión, que puede producir un alargamiento permanente del material conductor.

Cuando se tienden cables subterráneos se recurre a una muy importante variedad de accesorios a los fines de evitar cualquier daño sobre los mismos. Entre ellos se encuentra uno que es fundamental: el **dinamómetro**, que es el que mide la fuerza que se le aplica al cable mientras se lo esta tendiendo. Lo mismo ocurre con los conductores de las líneas aéreas.

El tendido de los cables requiere de determinadas técnicas. Las mismas están en función del tipo de cable o conductor. Desde la más simple que requiere del empleo de las muy conocidas **cintas pasa-cables** a com - plejos y numerosos dispositivos. La descripción de estas técnicas excede el alcance de este libro, que se muestran en el libro **Instalaciones de potencia**, cuyos autores son Sobrevila-Farina, de esta misma editorial.

La falta de cuidado cuando se hace este trabajo generalmente no repercute en forma inmediata sobre la funcionalidad del conductor o cable, pero sin ninguna duda lo hará a lo largo de la vida útil de los mismos.

Hasta aquí nos hemos ocupado exclusivamente de los conductores y cables, pero por definición dijimos que el tendido era la acción de co - locar a estos en los soportes correspondientes.

Los soportes o canalización, tema que ya fue abordado, también hacen a la vida útil de los conductores y cables. Dado que estos, independientemente del tipo que se trate y sobre todo los destinados a los cables, deben estar correctamente montados a los fines de evitar que queden filos o rebabas que puedan dañar los aislamientos.

Antes de tender los cables en las canalizaciones, estas deben estar terminadas de construir y completados los trabajos de estructura, mamposterías y terminaciones superficiales o estructurales que pudieran afectarlos.

5.09. ALGUNAS CONSIDERACIONES SOBRE USO DE LOS CABLES

Como complemento de lo expuesto es interesante remarcar algunos aspectos generales del uso de los cables.

5.09.01. Canalizaciones

- Las canalizaciones deberán construirse de forma tal que se puedan manipular, inspeccionar y permitan acceder a los cables para su cambio o agregados de otros.
- Los cables deben estar tendidos en las canalizaciones de forma tal que se pueda controlar su aislamiento y que se puedan localizar eventuales fallas.
- Las canalizaciones deberán estar identificadas.
- Cuando se trate de canalizaciones enterradas, el trazado debe quedar registrado en un plano conforme a obra. En el mismo se mostrará el recorrido así como la profundidad, y de haberlas, las interferencias que se encuentren durante el trazado.
- Las canalizaciones que atraviesen componentes del local o edificio tales como tabiques, paredes, pisos, etc., deberán ser selladas con material ignífugo, de modo de evitar la hipotética propagación de la llama o humos.
- Los distintos componentes de las columnas montantes deben emplear materiales que minimicen las consecuencias del incendio de los mismos. En cada piso se dispondrá de una barrera corta-fuego

5.09.02. Identificación

- Todos los cables deben estar inequívocamente identificados en todos los lugares en que son accesibles (cajas, tableros, etc.), mediante el empleo de distintos colores de sus aislamientos o bien mediante algún sistema específico a estos fines.

- Los cables que corresponden a la línea se identificarán mediante los colores:
  - Línea 1 (L1) castaño o marrón.
  - Línea 2 (L2) negro.
  - Línea 3 (L3) rojo.

- Los colores para identificar el neutro y de protección, según la norma IRAM 2 053-2 son:
  - Neutro: azul claro o celeste.
  - Protección: bicolor verde-amarillo.

- Los cables utilizados como PEN se identificaraán de la siguiente manera:
  - Verde-amarillo en toda su longitud y además con marcas azul claro en sus extremos.
  - Azul claro en toda su longitud y además con marcas verde-amarillas en sus extremos.

- Si se han de utilizar cables cuyos colores no sean los normalizados, se los deberá identificar empleando alguno de los métodos de identificación.

5.09.03. Ingreso de los cables a cajas o tableros

Cuando se trata de cables del tipo energía (con aislamiento y cubierta exterior) que sale de una canalización tal como sería un caño (con boquilla), bandeja porta-cables, conducto de chapa, etc. y deba ingresar a una caja, conducto o tablero deberá hacerlo a través del empleo de un prensa-cable.

5.09.04. Fijación

Tanto sea en las canalizaciones como en el ingreso a los tableros los cables deben estar firmemente fijados.

5.09.05. Generalidades

- Para poder ejecutar las conexiones necesarias (interruptores, tomacorrientes, etc.) en cada caja se debe dejar disponible un tramo de cable de 150 mm a esos efectos.

- Los cables que pasen sin empalme a través de las distintas cajas de conexionado deberán formar un bucle con una longitud rectificada mínima de 300 mm.
- Los cables tendidos en cañerías verticales deberán estar fijados (dentro de cajas que sean accesibles) en tramos no mayores de 15 m. Tal fijación no debe dañar el aislamiento del cable.
- Dentro de las cañerías no se permiten los empalmes.
- Durante el tendido de los cables no se deberá ejercer sobre ellos un esfuerzo superior a los 50 N/mm^2 de la sección nominal del conductor.

5.09.06. Agrupamiento de cables en una misma canalización

- Todos los cables de un mismo circuito, incluyendo el de protección (PE), se tenderán dentro de la misma canalización.
- En todas las cajas donde converjan líneas de circuitos diferentes, los cables deberán estar perfectamente identificados. La identificación puede ser mediante los colores de los aislamientos o bien por cualquiera de los métodos conocidos.
- Cada boca de salida servirá como tal a un solo circuito. También podrá utilizarse como caja de paso pero no de derivación de otros circuitos. A las cajas que alojen elementos destinados a la conexión o al comando les deberá llegar un solo circuito, el que podrá ser derivado hacia otros puntos de la instalación.
- Las canalizaciones múltiples, como los cable-canales múltiples por ejemplo, se consideran canalizaciones independientes, solo si cuentan con separadores, paredes o barreras, fijos y permanentes diseñados y dispuestos de manera que sea imposible que un cable alojado en una de los conductos pueda entrar en otro, y si los accesorios de unión, derivación, pase, cruzamiento o bocas de salida, mantienen la separación efectiva y permanente entre todas los conductos independientes.

5.09.07. Cables permitidos en las canalizaciones formadas por cañerías

- IRAM 2 178 e IRAM 62 266: cables uni o multipolares con aislamiento y vaina exterior.
- IRAM 2 268: cables multipolares para comando y señalización con aislamiento y vaina exterior.

- IRAM-NM 247-3 e IRAM 62267: cables con aislamiento simple.
- Según la norma que corresponda en cada caso: cables para señales débiles para la transmisión de datos o comunicación.

5.09.08. Cables permitidos en las canalizaciones formadas por los sistemas de conductos

- IRAM 2 178 e IRAM 62 266: cables uni o multipolares con aislamiento y vaina exterior.
- IRAM 2 268: cables multipolares para comando y señalización con aislamiento y vaina exterior.
- IRAM-NM 247-3 e IRAM 62 267: cables con aislamiento simple.
- Según la norma que corresponda en cada caso: cables para señales débiles para la transmisión de datos o comunicación.

5.09.09. Cables permitidos en las canalizaciones formadas por perfiles registrables

- IRAM 2 178 e IRAM 62 266: cables uni o multipolares con aislamiento y vaina exterior.
- IRAM 2 268: cables multipolares para comando y señalización con aislamiento y vaina exterior.
- IRAM-NM 247-3 e IRAM 62 267: cables con aislamiento simple.
- Según la norma que corresponda en cada caso: cables para señales débiles para la transmisión de datos o comunicación. Para ello habrá que atender a los requerimientos de los distintos tipos de circuitos en cuanto a la agrupación entre y con otros tipos de cables.

5.09.10. Cables permitidos en las canalizaciones formadas por bandejas porta-cables

- IRAM 2 178 e IRAM 62 266: cables uni o multipolares con aislamiento y vaina exterior.
- IRAM 2 268: cables multipolares para comando y señalización con aislamiento y vaina exterior.
- IRAM-NM 247-3: cables con aislamiento simple como conductor de protección (PE).
- IRAM 2 004: cuerda de cobre (desnuda) como conductor de protección (PE).

105

- Cables para señales débiles para la transmisión de datos o comunicación, ídem que para los perfiles registrables.
- Cañerías, conductos, cable-canales o perfiles tipo C, del tipo permitido para instalaciones a la vista conteniendo cables que respondan a las normas IRAM-MN 247-3, IRAM 62267, IRAM 2 178, IRAM 62 266 o IRAM 2 268

5.09.11. Cables permitidos en el interior de los canales para cables

- IRAM 2 178 e IRAM 62 266: cables uni o multipolares con aislamiento y vaina exterior.
- IRAM 2 268: cables multipolares para comando y señalización con aislamiento y vaina exterior.
- IRAM-NM 247-3: cables con aislamiento simple como conductor de protección (PE).
- IRAM-NM 247-3: cables con aislamiento simple dentro de cañerías o conductos del tipo para instalaciones a la vista.
- IRAM 2 004: cuerda de cobre (desnuda) como conductor de protección (PE) tendido sobre bandeja solamente.
- Cables para señales débiles para la transmisión de datos o comunicación, ídem que para los perfiles registrables.
- Cañerías, conductos, cable-canales o perfiles tipo C, del tipo permitido para instalaciones a la vista conteniendo cables que respondan a las normas IRAM-MN 247-3, IRAM 62267, IRAM 2 178, IRAM 62 266 o IRAM 2 268.

5.09.12. Cables permitidos para uso directamente enterrado

- IRAM 2 178 e IRAM 62 266: cables uni o multipolares con aislamiento y vaina exterior.
- IRAM 2 268: cables multipolares para comando y señalización con aislamiento y vaina exterior.

5.09.13. Cables permitidos para uso montantes

Si la montante emplea bandeja porta-cable vale lo expresado para estas última.

CAPÍTULO 6

ESPECIFICACIÓN DE LOS CONDUCTORES Y CABLES

6.01 INTRODUCCIÓN

Las **especificaciones** técnicas y las lista de materiales son **elaborados técnicos** muy importantes en el desarrollo de la ingeniería de detalle, que tienen connotaciones no solo desde el punto de vista de la ingeniería propiamente dicha sino también otras ligadas a la economía del proyecto y a la ejecución de la obra; en consecuencia la redacción y confección de las mismas requieren de una cierta rigurosidad en el léxico empleado y precisión en cuanto a las magnitudes y cantidades.

A continuación se dan los ítems necesarios para especificar o listar los conductores y cables para ser empleados en sistemas de **baja ten - sión**. La omisión de algunos de ellos (aunque en algunos casos parezcan redundantes) sobre todo cuando se trata de comprar algún tipo de conductor o cable, no permitirá la exacta comprensión de lo que se necesita y por lo tanto puede ocasionar algún error en la identificación, con los consiguientes inconvenientes que puede traer aparejado.

El listado comprende a los tipos más comúnmente usados; para otros casos, los ítems desarrollados aquí pueden utilizarse como guía para especificar otros.

Las siguientes normas pueden ser comunes y se solicitará la provisión de acuerdo con las reales necesidades que determinen las aplicaciones respectivas.

- De no propagación de incendio: IRAM NM IEC 60 332-1, IEEE 383
- De no propagación de la llama: IRAM NM IEC 60 332-3
- Emisión de gases tóxicos y corrosivos (LSOH): IRAM 62 266 Y 62 267
- Determinación de la cantidad de gas ácido halógeno. IEC 60 754

- Medida de la densidad del humo de cables en combustión: IEC 61 034
- Determinación de la toxicidad de los gases provenientes de la combustión del aislamiento de cables: CEI 20-37 y CEI 20-38

6.02. CABLE PARA USO EN SISTEMAS DE ENERGÍA

- Material conductor: (cobre o aluminio)
- Tensión nominal : **1,1 kV**
- Categoría: **II**
- Clase: **2 a 5**
- Formación o número de conductores:
- Aislamiento: **PVC**
- Armadura: (si o no)
- Vaina exterior: **PVC**
- Sección [mm^2]:
- Longitud:
- Longitud deseada de los largos de expedición (de omitirse, la misma será fijada por el fabricante)
- Normas de fabricación y ensayo: **IRAM 2 178**
- Marca de referencia: (a criterio)
- Tipo de la marca referida: (a criterio)

6.03. CABLE DE USO EN SISTEMAS DE CONTROL, SEÑALIZACIÓN, MEDICIÓN, PROTECCIÓN Y COMANDOS ELÉCTRICOS

- Material conductor: cobre
- Tensión nominal: **1,1 kV**
- Categoría: **II**
- Clase: **5**
- Formación o número de conductores:
- Aislamiento: **PVC**
- Armadura: (si o no)
- Vaina exterior: **PVC**
- Sección [mm^2]:
- Longitud
- Longitud deseada de los largos de expedición (de omitirse, la misma será fijada por el fabricante)
- Normas de fabricación y ensayo: **IRAM 2 268**

- Marca de referencia (a criterio):
- Tipo de la marca referida (a criterio):

6.04. CABLE PARA USO EN INSTALACIONES ELÉCTRICAS DE VIVIENDAS

- Conductores: cobre
- Tensión nominal: **450 / 750 V**
- Clase: **5**
- Formación: **unipolar**
- Armadura: no
- Aislamiento: **PVC**
- Color:
- Sección [mm^2]:
- Normas de fabricación y ensayo: **IRAM 247-3 / IRAM NM-280/ IEC 60 228**
- Marca de referencia: (a criterio)
- Tipo de la marca referida: (a criterio)

6.05. CABLE TIPO TALLER

- Conductores: cobre
- Tensión nominal: **300 / 500** V
- Clase: 5
- Formación:
- Aislamiento: **PVC**
- Colores cables individuales:
- Vaina: **PVC**
- Sección [mm^2]:
- Normas de fabricación y ensayo: **IRAM NM 247- 5 (Ex 2 158)**
- Marca de referencia (a criterio):
- Tipo de la marca referida (a criterio):

6.06. CONDUCTOR PARA SISTEMAS DE DISTRIBUCIÓN CON LÍNEAS AÉREAS

- Material: cobre
- Formación:

- Clase: **5**
- Sección [mm^2]:
- Normas de fabricación y ensayo: **IRAM 2 004**
- Marca de referencia (a criterio):
- Tipo de la marca referido (a criterio):

6.07. CABLE PRE-ENSAMBLADO PARA DISTRIBUCIÓN DE LA ENERGÍA ELÉCTRICA, CON CONDUCTORES DE ALUMINIO

- Material conductor: **aluminio**
- Tensión nominal fases: **1,1 kV**
- Clase: **2**
- Formación o número de conductores:
- Aislamiento: **polietileno reticulado**
- Secciones
  - De los cables de la fase [mm^2]:
  - Del cable del neutro [mm^2]:
- Longitud [metros]:
- Longitud deseada de los largos de expedición (de omitirse, la misma será fijada por el fabricante)
- Normas de fabricación y ensayo: **IRAM 2 263**
- Marca de referencia (a criterio):
- Tipo de la marca referida (a criterio):

6.08. CABLE PRE-ENSAMBLADO PARA DISTRIBUCIÓN DE LA ENERGÍA ELÉCTRICA CON CONDUCTORES DE COBRE

- Material conductor: **cobre**
- Tensión nominal fases: **1,1 kV**
- Clase: **2**
- Formación o número de conductores:
- Aislamiento: **polietileno reticulado**
- Sección [mm^2]:
- Longitud [metros]:
- Longitud deseada de los largos de expedición (de omitirse, la misma será fijada por el fabricante):
- Normas de fabricación y ensayo: **IRAM 2 164**

- Marca de referencia (a criterio):
- Tipo de la marca referida (a criterio):

6.09. CONDUCTOR DE COBRE

- Material conductor: **cobre**
- Clase: **2**
- Formación o número de conductores:
- Sección [mm^2]:
- Longitud [metros]:
- Longitud deseada de los largos de expedición (de omitirse, la misma será fijada por el fabricante):
- Normas de fabricación y ensayo: **IRAM 2 004**
- Marca de referencia (a criterio):
- Tipo de la marca referida (a criterio):

6.10. CONDUCTOR DE ALUMINIO

- Material conductor: **aluminio**
- Formación o número de conductores:
- Tipo: **ACSR** (aleación de aluminio con alma de cobre)
- Sección [mm^2]:
- Longitud [metros]:
- Longitud deseada de los largos de expedición (de omitirse, la misma será fijada por el fabricante)
- Normas de fabricación y ensayo: **IRAM 2 187**
- Marca de referencia (a criterio):
- Tipo de la marca referida (a criterio):

*Nota: el texto **a criterio** significa que el proyectista o quien confeccione la especificación puede colocar una marca determinada para hacer referencia a la calidad o característica particular que estime necesaria.*

CAPÌTULO 7

ARMÓNICOS Y CABLES

7.01. INTRODUCCIÓN

Es fácilmente apreciable el constante y sostenido avance de las nuevas tecnologías aplicadas, no solo en los ámbitos industriales sino también en los de las oficinas y mucho más notorio, por lo popular, en los domésticos. Las mayores prestaciones de elementos conocidos y de los más nuevos son resaltadas a través de las campañas publicitarias efectuadas en los medios de comunicación masivos. Esto de alguna manera exime de más comentarios que no sea el hecho de que esas nuevas prestaciones tienen también requerimientos y a su vez generan algunos otros problemas. Entre los primeros, y siempre en el ámbito de la electricidad, se podrá contar con nuevas fuentes de alimentación de mayor rendimiento como pueden ser las pilas o baterías o bien que el suministro de la red pública presente una cierta confiabilidad y calidad. En cuanto a los problemas que se generan, podemos mencionar la mayor generación de residuos no reciclables o falta de políticas gubernamentales al respecto.

De estas cuestiones nos centraremos en algunos aspectos de la calidad de la energía eléctrica por su incidencia en el funcionamiento de los consumos de todo tipo.

7.02. SUMINISTRO DE LA ENERGÍA ELÉCTRICA

De acuerdo con la cantidad de energía eléctrica que necesite el consumidor, se suministra corriente alterna en media o baja tensión. En el primer caso necesariamente deberá poseer una subestación transformadora a fin de poder obtener la tensión de empleo, que en general es baja tensión. mientras que en el segundo caso no es necesario.

Los consumos de baja tensión a su vez pueden ser: monofásico bifilar (vivo y neutro), trifásico trifilares (tres vivos) o bien trifásicos tetrafilares (tres fases como vivo y el neutro). Estos sistemas parten de transformadores (de la empresa distribuidora o propio) cuyo primario se alimenta en media tensión y tienen un secundario de baja tensión con cuatro bornes. Por ejemplo: 3 x 13 200 / 3 x 380 + N [V]. Estos últimos tienen como parámetros principales: su potencia aparente, la corriente nominal y la tensión de cortocircuito; esta última se relaciona con la corriente de cortocircuito disponible en sus bornes.

Para poder estudiar el comportamiento de los distintos tipos de circuitos eléctricos, tanto en corriente continua como en alterna, se han establecido leyes y metodologías basadas en las matemáticas así como en representaciones gráficas de cierta complejidad según el caso.

Cuando se trata de corriente alterna, los parámetros tensión y corriente varían con el tiempo y la forma de estudiar los circuitos eléctricos es recurriendo a representaciones del tipo vectorial y gráfica. La representación gráfica de la tensión y de la corriente alterna se hace empleando una función del tipo sinusoidal.

Las fuentes de tensión (en nuestro caso el transformador) tienen una tensión de salida con la cual se alimentan los consumos, con una forma de onda del tipo sinusoidal casi perfecta (tal como lo muestra la Figura A7.01), la cual recibe el nombre de onda fundamental o simplemente **fundamental,** que tiene una frecuencia de 50 ciclos por segundo (50 Hz). De la misma forma en que se representa la tensión se lo hace con la corriente eléctrica.

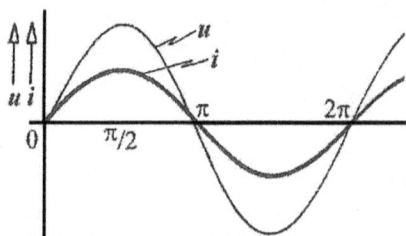

Figura 7.01 Onda sinusoidal de tensión y corriente

Sin adentrarnos en las complejas cuestiones matemáticas de este tema (Serie de Fourier, entre otras), podemos decir que cualquier tipo de onda puede descomponerse en otras de **distintas frecuencias** que reciben el nombre de **armónico**. O sea que una onda fundamental puede estar compuesta por otras ondas de distintas frecuencias. Estas se pueden sumar o restar entre sí, como veremos luego, generando formas de onda distintas a la original o fundamental que se denomina distorsionada (Figura 7.02).

Los armónicos también se generan en transformadores y generadores por la alinealidad de los núcleos de hierro. Son mayores cuando estos funcionan sin carga.

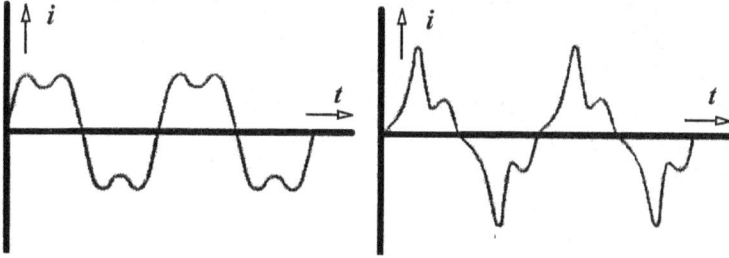

Figura 7.02 Ondas de tensión distorsionadas

7.03. CALIDAD DE LA ENERGÍA ELÉCTRICA

En realidad y como lo anticipamos solo veremos algunos aspectos de este tema, ya que la profundidad del mismo requiere estudios que llevan adelante verdaderos especialistas y que no es motivo del presente anexo. Es necesario resaltar que algunos autores denominan a esta como **calidad de potencia** y que no es intención terciar en esa polémica, sino expresar la participación de los armónicos en la misma.

El suministro de la energía eléctrica deberá hacerse respetando los parámetros establecidos por las normas o resoluciones de los entes reguladores a los fines de que las cargas eléctricas puedan funcionar adecuadamente, el no cumplimiento hace que se generen problemas a los consumidores, siendo los mismos de diversa índole según sea la característica de la carga. Con respecto a las normativas en nuestro país y en el orden nacional se promulgaron la Ley 24 065 y el Decreto 1 398, que es reglamentario de esta última; ambos contemplan a este tema.

Los índices utilizados para determinar la calidad del suministro de la energía eléctrica requiere de la observación de los parámetros asociados a un sistema eléctrico, de los cuales solo tendremos en cuenta para este tema: tensión, corriente y frecuencia, así como las formas de onda que presentan.

7.04. CARGAS DE LAS INSTALACIONES ELÉCTRICAS

Dependiendo del tipo de consumidor las cargas eléctricas que se conectan a los diversos tipos de instalaciones eléctrica pueden ser: resistencias (planchas, hornos, etc.), motores eléctricos (monofásicos o trifásicos), transformadores (para diversos usos), lámpara de filamento, lámparas de descarga (tubos fluorescentes, bajo consumo, sodio, etc.),variadores de intensidad luminosa (dimmers) de las lámparas, equipos para accionar motores eléctricos monofásicos o trifásicos (variadores de velocidad o arrancadores suaves), fuentes de alimentación (incluidas en equipos de audio, video, computación, comunicación, PLC, etc.), condensadores (para corrección del factor de potencia) y máquinas de soldar (estáticas o rotativas). Es necesario apreciar en primera instancia la diversidad constructiva y funcional de las mismas, y resaltar que la mayoría de las mismas contienen o son alimentadas por circuitos electrónicos, tanto sean para el control como en potencia.

Entre todos los tipos de cargas es posible distinguir dos tipos funcionales, de acuerdo con la corriente eléctrica de respuesta que presentan cuando se las alimenta con una tensión –cuya forma de onda puede ser una senoide pura o no– como en la Figura 7.01, las **lineales** y las **no lineales** o **alineales**.

7.04.01. Cargas lineales

Son las cargas que presentan resistencia eléctrica pura al paso de la corriente eléctrica (por ejemplo: lámpara incandescente, plancha, horno a resistencia), pero, salvo las resistencias patrones o de laboratorio, el resto siempre presentan en un grado muy menor una cierta capacidad e inductancia.

Desde el punto de vista del tema, estas cargas no introducen distorsiones en las formas de onda de las corrientes establecidas (Figura 7.01) a través de las mismas cuando se las somete a una tensión.

7.04.02. Cargas no lineales

Reciben también los nombres de alineales o distorsionantes y son aquellas que producen corrientes eléctricas cuyas formas de onda no son sinusoidales al igual que las tensiones que generan. Estas distorsiones se deben a las características funcionales de los circuitos de aquellos equipos conectados a la instalación eléctrica, entre los que se encuentran los que tienen circuitos electrónicos incorporados tales como las fuentes conmutadas, variadores de velocidad de motores, reactancias electrónicas, etc. (Figura 7.02).

7.05. ARMÓNICOS

Como lo anticipamos, las formas de ondas distorsionadas son el resultado de la suma y resta de las diversas ondas armónicas que la componen y que son de otras frecuencias múltiplos de la fundamental la cual es de 50 Hz en nuestro país y de 60 Hz en otros.

A los componentes armónicos se los conoce como de **orden par** e **impar,** de acuerdo con su relación con la fundamental. Los primeros se anulan por la simetría de la onda y no constituyen problemas, en cambio los de orden impar son los que están habitualmente presentes y provocan los efectos que luego veremos. Es así como es que tenemos como armónicos de denominación y frecuencia:

Segundo orden:	100 Hz
Tercer orden:	150 Hz
Cuarto orden:	200 Hz
Quinto orden:	250 Hz
Sexto orden:	300 Hz
Séptimo orden:	350 Hz
Y así sucesivamente	

La Figura 7.03 ilustra sobre las formas.

7.06. PARÁMETRO DE LOS ARMÓNICOS

La presencia de estos armónicos en las redes de distribución o instalaciones eléctricas necesita ser cuantificada a los efectos de poder establecer una jerarquía que permita analizar su accionar, así como el valor de la distorsión debido a la presencia de armónicos.

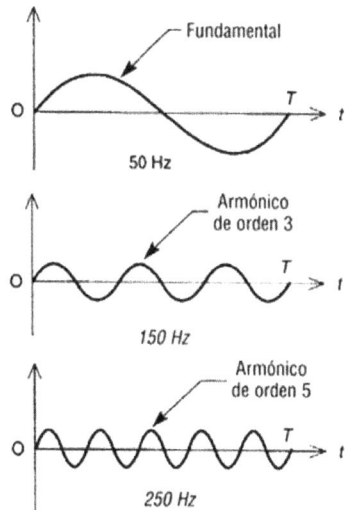

Figura 7.03
Distintas armónicas

117

Es así como se ha establecido e identificado mediante las siglas **THD** (Total Harmonic Distortion) a *"la relación entre el valor eficaz del contenido armónico (sin incluir onda fundamental) y el valor eficaz de la magnitud alterna (incluyendo la fundamental)"* expresado en por ciento.

Siendo necesario destacar que en el caso de los equipos, los valores que corresponden a los contenidos de armónicos deben ser declarados por el fabricante, que en general, se ajustan a las normas internacionales. En la Tabla 7.01 se dan valores orientativos.

TABLA 7.01
DATOS CARACTERÍSTICOS

Equipo	Armónicos de orden [%]			
	3º	5ª	7ª	9ª
Balasto electromecánico	20	---	---	---
Balasto electrónico	50	11	---	8
Variador de velocidad monofásico	20	40	15	---
Variador de velocidad trifásico	---	40	15	---
Equipo informático	85	65	40	20
U P S	5	---	---	---

7.07 MEDICIÓN

La medición del factor distorsión debido a los armónicos (THD), como toda otra medición, requiere de una metodología e instrumental relacionado con el destino de los valores obtenidos.

La metodología estará relacionada con el tipo de instalación eléctrica sobre la cual se quiere llevar a cabo la medición. Puede ser necesario hacer una determinación en un solo sector o en varios, así como también es posible hacerlo en un solo equipo.

El destino de los datos obtenidos puede ser determinante del equipo a utilizar, ya que si se quiere tener una visión general se puede hacer una medición instantánea utilizando un instrumento tipo pinza o bien un equipo fijo que registre los valores obtenidos durante un cierto tiempo. El registro de los valores a lo largo de una jornada dará un panorama más amplio de la situación y es el requerido para tomar medidas de fondo (por ejemplo un dispositivo corrector o compensador).

Con respecto a los instrumentos tipo pinza, los mismos no solo dan el valor de THD, sino también del valor eficaz de la corriente (rms), la tensión, la amplitud de cada armónico, frecuencia y otros de acuerdo con el modelo utilizado.

Es necesario señalar que la medición de la corriente que circula por el neutro o en cada uno de los cables que corresponden a las fases debe realizarse con un instrumento que permita obtener el valor eficaz (true rms) de la misma. Si se utilizase otro instrumento los valores obtenidos no son los reales. Figura 7.04.

Figura 7.04
Instrumento tipo pinza para
medir el THD

7.08. EFECTOS GENERALES DE LOS ARMÓNICOS

La presencia de tensiones distorsionadas por los distintos armónicos en las redes de distribución de la energía eléctrica y en las instalaciones eléctricas genera problemas en las cargas conectadas a las mismas y también en determinados componentes, entre los que se encuentran los conductores y cables. No obstante mencionaré alguno de estos inconvenientes a los fines de dar idea de la importancia, más allá del tema que nos ocupa, que veremos más adelante.

El principio básico del tema es que la circulación de las corrientes eléctricas distorsionadas por las componentes armónicas contribuye al aumento de las pérdidas por el efecto Joule que se traducen en calor, con lo que este significa para los aislamientos en general. Esta sobretemperatura se hace en definitiva a consecuencia de un mayor cantidad de energía eléctrica, lo cual acarrea un mayor costo de la energía eléctrica consumida.

Esto viene acompañado o complementado por el hecho de introducir a un equipo, sobre todo los que cuentan con circuitos electrónicos,

119

una tensión con componentes de otras frecuencias, lo cual tiene efecto directo sobre las inductancias y capacidades de los mismos.

En cuanto a efectos indeseables, podemos mencionar los disparos intempestivos, que se suelen producir en los interruptores automáticos diferenciales derivados de la saturación del núcleo del transformador toroidal o sumador, alteración aleatoria en el funcionamiento de los microprocesadores.

En el caso de las máquinas eléctricas (transformadores y motores eléctricos) las pérdidas por histéresis y las debidas a las corrientes parásitas sumadas se denominan pérdidas en el hierro y son proporcionales a la frecuencia y al cuadrado de las mismas respectivamente.

También manifiestan su acción en el funcionamiento de los condensadores, ya que una mayor frecuencia de la onda de la tensión de alimentación lo puede hacer entrar en resonancia haciéndole elevar la temperatura, con lo cual se produce un alteración del valor nominal de los mismos, haciendo que, en el caso de las baterías no puedan cumplir con la corrección necesaria. Estas elevaciones de temperatura hacen degradar el dieléctrico de los condensadores al punto de dañarlos.

Cuando los distintos equipos presenten algunas de las manifestaciones anteriores no significa necesariamente que es consecuencia directa de la presencia de los armónicos. Ppara hacer tal aseveración es imprescindible determinar el valor y la magnitud de los mismos (si existiesen) a través de la correspondiente medición.

A continuación veremos el efecto sobre los conductores y cables en forma específica.

7.09. CORRECCIÓN DE LOS EFECTOS

La presencia de armónicos en las redes de distribución de la energía eléctrica y en las instalaciones eléctricas constituye una verdadera contaminación de las mismas ya que como se mencionó anteriormente provoca efectos indeseados que traen aparejado inconvenientes en el funcionamiento de los equipos conectados.

La forma de efectuar la neutralización de estas corrientes y tensiones es mediante la utilización de **filtros pasivos** o **activos**, los que deberán ser diseñados de acuerdo con el grado y tipo de perturbación que se presente, para lo cual se impone la realización de las correspondientes determinaciones.

7.10. EFECTOS DE LOS ARMÓNICOS EN LOS CONDUCTORES Y CABLES

La distribución y utilización de la energía eléctrica se hace en baja tensión en general (en lo que sigue no se consideraran las aplicaciones en media o alta tensión). Como dijimos al principio, el suministro de la energía eléctrica en baja tensión se efectúa mediante redes de distribución trifásicas tetrafilares o sea de cuatro conductores o cables, uno para cada fase y otro para el neutro (Figura 7.05) a las que se pueden conectar instalaciones eléctricas tetrafilares (trifásicas) o bien bifilares (monofásicas).

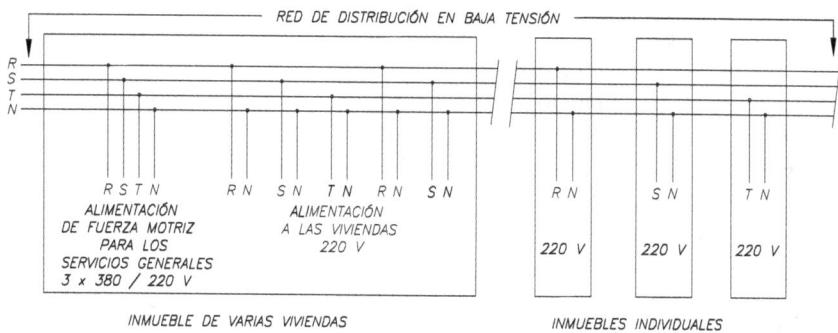

Figura 7.05

Si las cargas conectadas las instalaciones eléctricas trifásicas tetrafilares son equilibradas, o sea que la suma algebraica de las corrientes de retorno (neutro) de cada una de las cargas es nula, esto significa que no habrá corriente eléctrica de retorno o circulación de corriente eléctrica por el conductor o cable destinado al neutro hacia la fuente (transformador). Es así que aun admitiendo un cierto desequilibrio de las cargas en sí o entre ellas, hace que esa sumatoria de las corrientes circulantes por el conductor o cable del neutro no sea cero, con lo cual aparecerá un cierta corriente eléctrica resultante que circulará por el conductor o cable correspondiente al neutro en dirección de la fuente, que en este caso es el transformador; dado el reducido valor de esta última es el que se utiliza como sección del conductor o cable para él una que es la mitad de la que corresponde a cada una de las fases, es así como vemos que se emplean secciones como de 3 x 50 + 1 x 25 mm^2, etc.

Esta mecánica de las corrientes eléctricas de retorno está formulada en base a considerar que las mismas tienen como forma de onda sinusoidal cuya frecuencia es de 50 Hz (fundamental). Ahora bien si esto no es así, o sea que se comprueba que las corrientes eléctricas circulantes por cada una de las fases es a su vez la resultante de una composición de armónicos de distintos orden, la resultante de la suma de las corrientes eléctricas de retorno por el conductor o cable del neutro presentará sin dudas una forma de onda distinta a la de la fundamental o sea distorsionada.

Supongamos (Figura 7.06) que las corrientes eléctricas contienen armónicos del orden tercero (150 Hz) solamente, cuando se efectúa la suma de las mismas en el conductor o cable del neutro, tendrá también la frecuencia de ese armónico.

Recordemos que el calentamiento provocado por el paso de una corriente eléctrica por un conductor o cable, es proporcional al cuadrado del valor eficaz de la misma (rms). Cuando se trata de una corriente eléctrica distorsionada el valor eficaz se obtendrá efectuando la raíz cuadrada de la suma de los cuadrados de las corrientes componentes.

Cuando el sistema es desequilibrado el valor eficaz de la corriente eléctrica circulante por el neutro es igual a la suma aritmética de las intensidades de las corrientes armónicas de cada una de las fases. Esto es válido también en el caso de un sistema equilibrado.

Este incremento de la corriente eficaz en el conductor o cable del neutro es lo que deberemos considerar para la determinación de la sección de los mismos

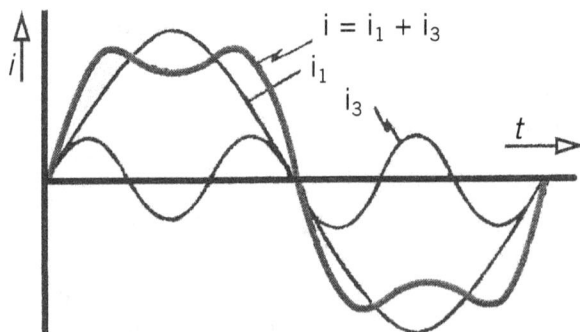

Figura 7.06 Fundamental distorsionada por tercer armónico

7.11. DETERMINACIÓN DE LA SECCIÓN DE LOS CONDUCTORES Y CABLES

La forma de determinar la sección de los cables que se vio oportunamente (Capítulo 4), no contemplaba la presencia de las corrientes eléctricas con contenidos de armónicos; en el caso de que no sea así, deberá hacerse en función del contenido de las mismas que se encuentren presentes en el circuito. Para ello se hace necesario realizar una medición del factor denominado **THD** (Total Harmonic Distortion) o bien en el caso de cargas específicas recabando datos del fabricante a los fines de poder determinar la sección de conductor o cable adecuada para esa carga.

Ante la certeza y comprobación de que por el conductor o cable a calcular circulará una corriente eléctrica con un determinado contenido de armónicos el proceso para la determinación de la sección se realizará siguiendo la metodología expuesta anteriormente en primera instancia y luego se debe proceder a corregir **por reducción de la intensidad de la corriente admisible en los conductores o cables de las fases y el neutro**.

Para poder realizar esto se presentan dos alternativas:

Cuando el contenido de armónicas presentes sea la de tercer orden con un porcentaje menor al 33% en la corriente eléctrica circulante por los conductores o cables de la línea, el cálculo de la sección de los conductores o cables deberá hacerse en función de los de la línea, corrigiendo la sección del neutro.

En cambio, si ese porcentaje es mayor del 33% de tercera armónica en la corriente de línea, el cálculo de la sección de los conductores deberá realizarse en función de las corrientes en el neutro corrigiendo la sección de los de la línea, todo de acuerdo con los coeficientes de la Tabla 7.02.

Los factores de corrección **C** mostrados en la Tabla 7.02 son aplicables a sistemas trifásicos equilibrados y a cables con cuatro o cinco conductores, donde el que corresponde al neutro sea del mismo material y de las mismas secciones que los de fase.

Esto seguirá siendo aplicable si el desequilibrio de las corrientes eléctricas de las fases es de más del 50%.

Estos factores de corrección **C** de las intensidades admisibles fueron calculados sobre la base de las corrientes armónicas de tercer orden; no obstante, si fueran esperadas distorsiones mayores al 10% debidas a otras de orden superiores, también siguen siendo aplicables los mismos.

En el caso de que la corriente de neutro supere la corriente de fase, entonces la sección del cable debe ser seleccionada sobre la base de la primera.

Cuando se determine la sección de un conductor o cable basado en la corriente eléctrica del neutro y esta corriente no sea significativamente mayor que la de fase, será necesario reducir las intensidades de corriente admisible para los tres conductores o cables cargados.

Si por el contrario se espera que la corriente de neutro supere en más de 135% la corriente eléctrica de fase y el conductor o cable fue seleccionado de acuerdo con la corriente eléctrica del neutro, entonces no es necesario aplicar reducción alguna a las intensidades de corriente admisible por las fases y que estas estarán más frías y contribuirán a la disipación del calor.

TABLA 7.02
FACTORES DE CORRECCIÓN

Contenido de 3ª armónica en la corriente de línea [%]	Factor de corrección	
	Selección basada en la	
	Corriente de línea	Corriente de neutro
C ≤ 15	1,00	---
15 < c ≤ 33	0,86	---
33 < c ≤ 45	---	0,86
C > 45	---	1,00

ANEXO 1

LOS CABLES Y EL FUEGO

1.1. INTRODUCCIÓN

A continuación haremos una pequeña reflexión acerca de la importante función que cumplen los aislantes en todos los sistemas eléctricos, independientemente del nivel de tensión, aunque desde ya que los problemas serán mayores cuanto más lo sean los valores. Estos materiales, que están presentes en todos los tipos de instalaciones eléctricas, tienen propiedades y requerimientos que deben ser considerados a los fines de mantener un nivel aceptable de los distintos riesgos que puede acarrear su falla o su presencia en un siniestro.

Permanentemente los medios de difusión nos informan sobre la construcción de inmuebles destinados a viviendas (en torres), espacios para espectáculos (artísticos o deportivos), comercios, sanatorios e inclusive barcos para turismo que tienen dimensiones cada vez grandes, al punto que a veces se hace incomprensible para la mayoría de las personas imaginar cómo es realmente. Indudablemente, hay poderosas razones económicas para sostener esta tendencia. El hecho es que estas fantásticas construcciones albergan cada vez un mayor número de personas en forma permanente o en tránsito.

La tecnología que se emplea en estas construcciones enfrenta a su vez el desafío de que no solo deben brindar confort a los ocupantes sino que también deben hacerlo en forma segura.

Las dimensiones de estas realizaciones a su vez requieren de mayores cantidades de los suministros esenciales para su normal funcionamiento, tales como agua, gas y electricidad entre otros.

Las grandes superficies o alturas que alcanzan estas construcciones hacen que también presenten una cierta vulnerabilidad a los agentes climáticos o a sus efectos.

En estas dos últimas consideraciones y desde la óptica de la electricidad podemos decir que el uso natural de la energía eléctrica siempre conlleva un riesgo y que el medio ambiente también aporta lo suyo, como lo es el caso de las descargas atmosféricas.

Desde el punto de vista funcional el mayor riesgo sigue siendo el fuego, lo cual hace que se deban tomar los recaudos necesarios para evitar su generación y que si a pesar de ello ocurre, se logre detectar rápidamente para que se pueda evacuar la zona involucrada a los fines de evitarles daño a los ocupantes y su vez alertar a los que deben extinguirlo, lo cual se intenta llevar adelante con las técnicas apropiadas de extinción utilizando los elementos necesarios, que los especialista han determinado previamente.

Es así como la tecnología constructiva debe enfrentar desafíos tales como: rapidez de ejecución, solidez estructural, menores costos, etc., para lo cual se debe valer de apropiados métodos y nuevos materiales que garanticen la seguridad de la obra ejecutada.

En el caso de incendios y desde el punto de vista constructivo se recurre a disposiciones que actúan como naturales compartimientos o bien se instalan puertas especiales que permitan cercar la zona afectada. Respecto de los materiales el tema es muy complejo ya que se puede apreciar fácilmente la tendencia a emplear elementos más livianos, funcionales y estéticos, los cuales contienen o están fabricados con materiales combustibles o con compuestos plásticos inflamables que al entrar en combustión generan humos y gases tóxicos o asfixiantes. Estos elementos inflamables presentan como característica desfavorable el hecho de propagar rápidamente la llama, lo cual hace que el fuego pueda alcanzar otros materiales o elementos combustibles que harán que el incendio se propague. Esta combustión trae aparejada una mayor cantidad de humos, gases y calor que se propagará de acuerdo con las características constructivas del medio en donde se produce, pudiendo generalizarlo. En este aspecto las canalizaciones eléctricas también contribuyen a esto.

La velocidad de la propagación del incendio es un factor muy importante y depende de otros como la facilidad de entrar en combustión de los materiales, el medio en que estos materiales desarrollan su combustión y de las posibilidades que tengan de propagarse. Esta posibilidad debe ser tenida muy en cuenta durante el proyecto de las canalizaciones eléctricas.

En esta obra no se harán consideraciones respecto a los medios de extinción de los incendios, así como tampoco a la disposición de las vías de escape o a su diseño ya que es tema de otras especialidades; lo que sigue solo está relacionado con las instalaciones eléctricas, sus elementos constitutivos y los efectos derivados de su utilización.

1.2. INSTALACIÓN ELÉCTRICA

Las estadísticas vienen mostrando a través de los años que los incendios que se producen en los inmuebles de uso residencial o de otro tipo, así como los que ocurren en los centros comerciales y salas de espectáculos, se originan por motivos relacionados con la utilización de la energía eléctrica.

En orden de riesgos se deben mencionar en primer lugar los motores, luego el equipamiento y en tercer lugar las canalizaciones eléctricas. Debemos entender que estas últimas son como las arterias del inmueble, lo recorren por todo su interior y exterior llevando a cada uno de los consumos la energía eléctrica, que debe llegar en cantidad y calidad suficiente para que los artefactos e instalaciones puedan desarrollar su prestación. Este transporte debe ser seguro, suficiente y con los valores adecuados.

La circulación de la corriente eléctrica por los cables produce efectos tales como caída de tensión y desarrollo de calor. La primera afectará al consumo, cuando no se le entrega el valor de tensión necesario para un correcto funcionamiento. En cambio el calor desarrollado afectará el aislamiento de los cables, haciendo que se reduzca su vida útil, y además que se trasmita ese calor al medio que los rodea, elevando su temperatura de tal modo que puede llegar en casos extremos a provocar incendios.

Este panorama debe hacer comprender cuáles son los riesgos asociados a la determinación de la sección de los cables y al tipo de aislamiento a emplear.

Este hecho de recorrer todo el interior y exterior de los inmuebles hace que se deba prestar una consideración especial en cuanto a la continuidad de los tendidos de las canalizaciones (montantes y cañerías), ya que estos pueden actuar como propagadores de los efectos derivados del incendio o de las llamas, actuando como verdaderos tirajes o chimeneas, así como también reestableciendo conexiones entre los distintos ambientes o locales.

1.3. CABLES

Los cables son conductores con sus debidos aislamientos. Estos aislamientos se hacen empleando materiales conocidos como **material plástico** o bien simplemente **plásticos**.

La gran difusión alcanzada por los plásticos, su variedad y la multiplicidad de sus aplicaciones, dificulta el intentar una definición de una manera precisa. Una de las más acordes a nuestro tema parece ser aquella que reconoce como material plástico a ciertas mezclas (resinas, derivados vinílicos, etc.), que en una de las fases de su fabricación han sido realmente plásticas (blandas, dúctiles, que se dejan moldear fácilmente). Tales mixturas permiten obtener los más variados objetos sólidos de aplicación en todos los ámbitos.

Casi todos los materiales plásticos son compuestos de carbono. A los cuerpos que contiene carbono se los llama en general compuestos orgánicos, que de acuerdo con su procedencia pueden ser orgánicos naturales u orgánicos sintéticos, los cuales comprenden a los materiales plásticos.

Dada la complejidad de los materiales plásticos nace la necesidad de clasificar a estos últimos, en termo-plásticos y termo-estables.

Los primeros se reblandecen con el calor y se endurecen cuando se enfrían, estas alteraciones pueden repetirse indefinidamente sin que los materiales pierdan sus propiedades, lo cual se los puede moldear repetidamente veces.

Los materiales termo-estables solamente se ablandan al calentarlos por primera vez; después de enfriados ya no se ablandan por un nuevo calentamiento y por consiguiente no puede recuperarse para posteriores transformaciones.

Como ya dijimos, existe una gran variedad de materiales termo-plásticos; solo se hará referencia a los relacionados con el tema cables, ya que hay otros que se emplean en las diversas tecnologías usadas en la fabricación de los elementos que componen las instalaciones eléctricas.

Los siguientes son materiales empleados en el aislamiento de cables. Algunos son muy populares y otros no tanto, debido a las particularidades de sus características. Es así que podemos encontrar:

- poliestireno o poliestireno,
- polietileno,
- policloruro de vinilo (P. V. C.),
- etileno-propileno,
- poliamida.

Las comparaciones se hacen sobre las características físicas, eléctricas y químicas de cada uno de ellos, características que deben analizadas de acuerdo con el medio o la aplicación que se haga. Lo cierto es que la característica común a todos ellos es que son inflamables y cada uno de ellos arde con desprendimiento de humos y gases tóxicos, que en cada uno de los materiales presentarán características acordes con su composición.

1.4. CARACTERÍSTICAS DEL INCENDIO DE UN CABLE

La mayoría de las víctimas en caso de incendios se deben a la inhalación de humos y gases tóxicos, mientras que el resto se debe a la exposición directa a la radiación térmica.

Un incendio produce calor, gases y humos, los cuales presentan grados diferentes de peligrosidad para los seres humanos. Los humos tienen una particularidad distinta que las llamas y es que se propagan muy rápidamente y a gran distancia del lugar del incendio. A ello se le suma que tienen un mecanismo de acción extremadamente rápido frente a los organismos vivientes. La existencia de algunos elementos resulta altamente peligrosa cuando entran en combustión, como los ácidos cianhídrico o clorhídrico liberados por el poliuretano (muy usado como aislante en los edificios), el PVC (empleado en las mezclas de los cables) o las poliamidas (nylon).

El mecanismo de ataque de los gases de combustión a los seres vivientes ocasiona las siguientes alteraciones:

- incremento de la frecuencia respiratoria debido al pánico y a la acción del CO,
- disminución de la concentración de oxígeno en sangre debido al aumento de CO,
- disminución de la tonicidad muscular debido a los gases tóxicos (ejemplo, HCL, C_2H_4, C_2H_2).

La combustión, como cualquier hecho físico, tiene una evolución en el tiempo, lo cual permite que se pueda trazar su curva característica..

Es interesante analizar la evolución de estos tiempos en la curva **característica del incendio** (figura 1) para comprobar que en menos de 5 minutos la concentración de humos alcanza cerca del 50% del máximo, mientras que la autocombustión (flash over) lleva un tiempo de 15 minutos; se concluye entonces que la temperatura sube mucho más lentamente que la concentración de sustancias nocivas. Por lo tanto, los tiempos de evacuación, como los casos antes mencionados, y los tiempos para llegar a concentraciones peligrosas de gases son equivalentes, por lo que no siempre es posible evitar la intoxicación de las personas.

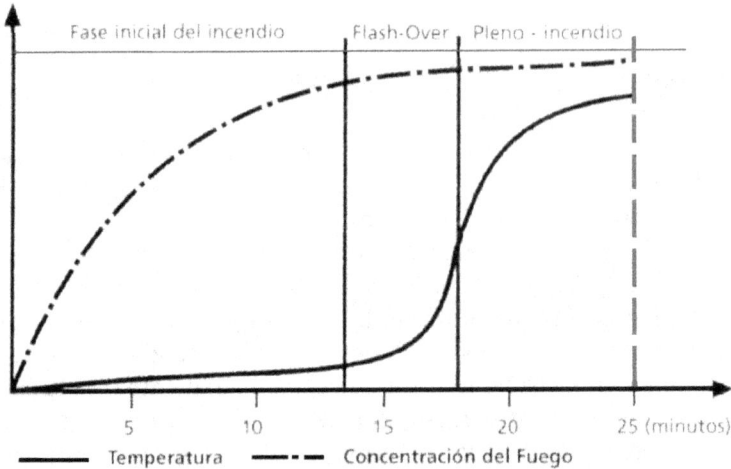

Figura 1. Curva característica

Cuando se incendia un edificio, la acción del fuego dependerá de los materiales empleados en la construcción y decoración; para los ocupantes, son importantes los recorridos de evacuación obligatorios y de la señalización adecuada prevista para permitir un rápido desalojo del sector afectado y, por supuesto, de los medios de extinción de alta eficacia y rápida acción para lograr el control a tiempo del fuego y sus efectos.

Las vías de escape de los grandes inmuebles se diseñan y proyectan considerando los siguientes factores:

Una vez que se activó el sistema de alarma, los ocupantes deben reaccionar tomando conocimiento de la situación, orientándose hacia los medios de escape y finalmente efectuando el escape propiamente dicho, los cual insume un determinado tiempo.

Orientarse y efectuar el escape se lleva a cabo generalmente en forma.

Según los especialistas el tiempo de evacuación no es menor de los 2 minutos, el cual se puede extender a más de 5 en lugares de elevada concurrencia como podría ser una discoteca con mil personas.

Existen casos particularmente delicados, como las estructuras de evacuación lenta debido a las características de las personas (escuelas, hospitales, institutos geriátricos, etc.), o aquellas donde la evacuación es dificultosa por la naturaleza de la construcción (edificios de gran altura, oficinas, etc.).

Todas estas consideraciones demuestran que la actividad del proyectista eléctrico para la prevención de incendios es de características multidisciplinarias y, más allá de que existen o no reglamentaciones específicas, necesariamente se deben valorar las emisiones nocivas derivadas del incendio de los cables con relación al tiempo de evacuación de la estructura.

1.5. NORMAS

La necesidad de afrontar las distintas situaciones que se pueden suscitar hace que se hayan desarrollados diversos productos, lo cual ha llevado al establecimiento de normas, las cuales se agrupan como se muestra a continuación (los números de las mismas se han omitido para facilitar la interpretación del texto; se pueden encontrar fácilmente en el catálogo de IRAM o IEC).

De acuerdo con el comportamiento de los aislantes frente a la acción del fuego los cables se clasifican en el siguiente orden:

- No propagante de la llama.
- No propagante del incendio.
- Reducida emisión de gases tóxicos y corrosivos.
- Baja emisión de humos opacos.
- Resistencia al fuego.

ANEXO 2

DATOS DE DISTINTOS
TIPOS DE CABLES

A continuación se dan tablas con las características técnicas y constructivas de los cables más usados en instalaciones eléctricas de baja tensión. Tienen **carácter orientativo**, cuando se trate de aplicaciones específicas los valores deberán ser tomados de los catálogos técnicos de los que realmente se van aplicar.

TABLA N° 2.01
CARACTERÍSTICAS TÉCNICA DE CABLES UNIPOLARES
CON CONDUCTORES DE COBRE Y AISLAMIENTO DE PVC
IRAM MN-247-3 (Ex IRAM 2 183) – IRAM 62 267

SECCIÓN [mm²]	DIÁMETRO EXTERIOR [mm]	INTENSIDAD ADMISIBLE EN CAÑERÍA DOS CABLES [A]	INTENSIDAD ADMISIBLE EN CAÑERÍA TRES CABLES [A]	RESISTENCIA ELÉCTRICA MÁXIMA EN CC A 20 °C [ohm/km]
1,5	3,0	15	14	13,30
2,5	3,8	21	18	7,98
4	4,2	28	25	4,95
6	5,0	36	32	3,30
10	6,1	50	43	1,91
16	7,9	66	59	1,21
25	9,8	88	77	0,78
35	11,1	109	96	0,55
50	13,6	131	117	0,39
70	16,1	167	149	0,27
95	18,3	202	189	0,21
120	19,7	234	208	0,16

Los valores de la Tabla Nº 2.01 están dados para 2 y 3 cables más el cable PE, en ambos casos, alojados en una cañería a la vista o embutida en mampostería con una temperatura ambiente de cálculo de 40 ºC.

TABLA Nº 2.02
FACTORES DE CORRECCIÓN PARA TEMPERATURAS DISTINTAS DE 40 ºC
CABLES UNIPOLARES CON CONDUCTORES DE COBRE Y AISLAMIENTO DE PVC
IRAM MN-247-3 (Ex 2 183) – IRAM 62 267

Temp. ambiente [ºC]	10	15	20	25	30	35	40	45	50	55	60
Factor	1,40	1,34	1,29	1,22	1,15	1,08	1	0,91	0,82	0,70	0,57

DATOS DE DISTINTOS TIPOS DE CABLES

TABLA N° 2.03
CARACTERÍSTICAS TÉCNICA DE LOS CABLES CON CONDUCTORES DE COBRE Y AISLAMIENTO DE PVC
IRAM 2 178 (TIPO ENERGÍA) – IRAM 62 267

SECCIÓN NOMINAL [mm2]	INTENSIDAD ADMISIBLE DE CABLES EN AIRE		INTENSIDAD ADMISIBLE DE CABLES ENTERRADOS		RESISTENCIA A 50 Hz 70 °C [ohm / km]	REACTANCIA A 50 Hz	
	UNIPOLARES [A]	MULTIPOLARES [A]	UNIPOLARES [A]	MULTIPOLARES [A]		UNIPOLARES [ohm/km]	MULTIPOLARES [ohm/km]
1,5	--	15	--	25	15,9	--	0,108
2,5	--	21	--	35	9,55	--	0,099
4	41	28	54	44	5,92	0,30	0,099
6	53	37	68	56	3,95	0,28	0,090
10	69	50	89	72	2,229	0,27	0,086
16	97	64	116	94	1,45	0,25	0,081
25	121	86	148	120	0,87	0,24	0,080
35	149	107	177	144	0,63	0,23	0,078
50	181	128	209	176	0,46	0,22	0,078
70	221	160	258	214	0,32	0,22	0,074
95	272	196	307	254	0,23	0,21	0,073
120	316	227	349	289	0,18	0,20	0,073
150	360	261	390	325	0,15	0,194	0,072
185	415	300	440	368	0,12	0,19	0,072
240	492	358	510	428	0,09	0,18	0,072

Consideraciones sobre los valores de la Tabla N° 2.03:

Cables en aire: 3 cables unipolares en un plano sobre una bandeja porta-cables distanciados un diámetro o un cable multipolar solo, con una temperatura ambiente de 40 °C.

Cables enterrados: 3 cables unipolares colocados en un plano horizontal y distanciados 7 cm o un cable multipolar solo, enterrado a 70 cm de profundidad en un terreno a 25 °C de temperatura y 100 °C x cm/W de resistividad térmica.

La corrección de las corrientes admisibles por temperatura deberá hacerse con la Tabla N° 2.02.

TABLA N° 2.04
CARACTERÍSTICAS CONSTRUCTIVA DE CABLES CON
CONDUCTORES DE COBRE Y AISLAMIENTO DE PVC
IRAM 2 178 (TIPO ENERGÍA) - IRAM 62 267

SECCIÓN NOMINAL [mm²]	UNIPOLARES			BIPOLARES		
	DIÁMETRO DEL CONDUCTOR [mm]	DIÁMETRO EXTERIOR DEL CABLE [mm]	PESO APROX. [kg/km]	DIÁMETRO DEL CONDUCTOR [mm]	DIÁMETRO EXTERIOR DEL CABLE [mm]	PESO APROX. [kg / km]
1,5				1,5	11,5	180
2,5				2,0	12,5	215
4	2,5	8	95	2,5	14	295
6	3,0	9,5	140	3,0	16	360
10	3,9	10,5	190	3,9	17	500
16	5,0	11	250	5,0	22	780
25	6,0	11,7	350	6,0	23	1030
35	7,0	12,7	450	7,0	25	1300
50	8,1	14,1	580			
70	9,8	16	790			
95	11,5	18	1070			
120	13,0	20	1300			
150	14,4	22	1600			
185	16,1	24	2000			
240	18,5	27	2600			

DATOS DE DISTINTOS TIPOS DE CABLES

TABLA N° 2.05
CARACTERÍSTICAS CONSTRUCTIVA DE CABLES CON
CONDUCTORES DE COBRE Y AISLAMIENTO DE PVC
IRAM 2 178 (TIPO ENERGÍA) - IRAM 62 267

SECCIÓN NOMINAL [mm²]	TRIPOLARES			TETRAPOLARES		
	DIÁMETRO DEL CONDUCTOR [mm]	DIÁMETRO EXTERIOR DEL CABLE [mm]	PESO APROX. [kg/km]	DIÁMETRO DEL CONDUCTOR [mm]	DIÁMETRO EXTERIOR DEL CABLE [mm]	PESO APROX. [kg / km]
1,5	1,5	12	200	1,5	13	230
2,5	2	13	245	2	14	290
4	2,5	15	345	2,5	16	410
6	3,0	16	425	3	18	510
10	3,9	18	500	3,9	20	730
16	5,0	23	950	5	24	1149
25	6,0	25	1300	6,0/4,8	26	1500
35	7,0	27	1650	7,0/4,8	28	1800
50	8,1	30	2150	8,1/6,0	32	2400
70	10,9	29	2400	10,9/7,2	31	2800
95	12,7	33	3250	12,7/9,2	36	3800
120	14,2	36	3950	14,2/10,9	39	4700
150	15,9	40	4900	15,9/10,9	43	5600
185	17,7	44	6000	17,7/12,7	47	7050
240	20,1	49	7800	20,1/14,2	53	90,50

TABLA N° 2.06
CARACTERÍSTICAS TEÉCNICAS DE CABLES CON
CONDUCTORES DE COBRE Y AISLAMIENTO DE PVC
IRAM 2 158 (TIPO TALLER)

SECCIÓN [mm²]	FORMACIÓN	ESPESOR DEL AISLAMIENTO [mm]	DIÁMETRO EXTERIOR [mm]	INTENSIDAD ADMISIBLE [A]	RESISTENCIA ELÉCTRICA MÁXIMA EN CC A 20°C [ohm/km]	PESO [kg/km]
1,5	Bipolar	0,7	7,9	10	13,30	88
2,5		0,8	9,6	16	7,98	133
4		0,8	11	22	4,95	181
6		0,8	12,4	30	3,30	245
10		0,6	15,5	45	1,91	396
2,5	Tripolar	0,8	10,4	16	7,98	165
4		0,8	11,8	22	4,95	228
6		0,8	13,3	30	3,30	310
10		1,0	16,5	40	1,91	495
2,5	Tetrapolar	0,8	11	16	7,98	201
4		0,8	13	22	4,95	285
6		0,8	14,5	30	3,30	380
10		1,0	18,2	40	1,91	620

Los valores de la intensidad de corriente admisible son para una temperatura ambiente de 40 °C.

TABLA N° 2.07
CARACTERÍSTICAS CONSTRUCTIVA DE CABLES CON
CONDUCTORES DE COBRE Y AISLAMIENTO DE PVC PARA COMANDO
IRAM 2 178 (TIPO ENERGÍA) - IRAM 62 267

SECCION [mm2]	FORMACION O CANTIDAD DE CABLES	DIAMETROS EXTERIORES [mm]			MASA [kg / km]			INTENSIDAD ADMISIBLE [A]
		SIN BLINDAJE	CON BLINDAJE CORRUGADO SIN ARMAR	CON BLINDAJE CORRUGADO ARMADO	SIN BLINDAJE	CON BLINDAJE CORRUGADO SIN ARMAR	CON BLINDAJE CORRUGADO ARMADO	
1	2	10	-	-	140	-	-	11
1,5		11,5	-	-	180	-	-	15
2,5		12,5	17	21	215	430	710	21
4		14	18,5	23	295	515	820	28
1	3	10,5	-	-	150	-	-	11
1,5		11	-	-	200	-	-	15
2,5		12	17	21	245	455	750	21
4		14	19	23	345	570	900	28
1	4	11,5	-	-	180	-	-	11
1,5		12	17	21	230	440	710	15
2,5		13	18	22	290	515	810	21
4		15,5	20	25	410	650	980	28
1	5	12	17,5	21	190	425	710	8
1,5		13	18	22	230	485	785	11
2,5		14	20	24	290	560	900	15
4		16	22	25	400	660	1020	20
1	7	13	18,5	22	230	490	790	7
1,5		14	19	23	270	550	870	9
2,5		16	21	25	360	645	990	13
4		18	23	27	520	800	1170	18
1	10	16	21	25	320	560	880	6
1,5		17,5	23	26	380	620	990	8
2,5		19	24	28	490	760	1160	12
4		23	28	32	750	1040	1510	16
1	12	16,5	22	25	360	600	930	6
1,5		18	23	27	430	700	1050	8
2,5		20	25	28	570	840	1240	11
4		24	29	32	870	1170	1670	15

DATOS DE DISTINTOS TIPOS DE CABLES

TABLA N° 2.08
CARACTERÍSTICAS CONSTRUCTIVA DE CONDUCTORES
DE COBRE DURO O BLANDO IRAM 2 004
CONDUCTOR PARA LINEAS AEREAS SOBRE AISLADORES O PUESTAS A TIERRA

SECCION NOMINAL	FORMACIÓN	DIÁMETRO APROXIMADO	MASA APROXIMADA	CARGA DE ROTURA CALCULADA	CORRIENTE ADMISIBLE EN SERVICIO CONTINUO (2)	CAÍDA DE TENSIÓN (3)
mm²	n° x mm	mm	Kg/km	kgf	A	V/A km
4 (1)	7 x 0,85	2,6	36	160	45	8,28
6 (1)	7 x 1,05	3,2	55	245	57	5,55
10	7 x 1,35	4,1	90	400	82	3,57
16	7 x 1,70	5,1	143	626	115	2,34
25	7 x 2,15	6,5	229	995	145	1,56
35	7 x 2,52	7,6	314	1352	180	1,18
50	7 x 3,02	9,1	451	1906	225	0,90
50	19 x 1,85	9,3	462	2006	225	0,90
70	19 x 2,15	10,8	6,24	2698	280	0,71
95	19 x 2,52	12,6	857	3672	345	0,59
120	19 x 2,85	14,3	1097	4640	400	0,51
150	37 x 2,25	15,8	1334	5740	465	0,44
185	37 x 2,52	17,7	1673	7150	530	0,40
240	37 x 2,85	20,0	2118	9035	635	0,35

(1) Secciones no contempladas en la norma IRAM 2004

(2) Para temperaturas ambiente de 40 °C, cables expuestos al sol y viento de 0,6 m/s

(3) Para sistemas trifásicos de c. a. 50 Hz y cos φ = 0,8 con los conductores en un mismo plano y separados 0,20 m entre ejes. Para sistemas monofásicos multiplicar por 1,15

TABLA 2.09
CABLES PRE-ENSAMBLADOS
CARACTERÍSTICAS ELÉCTRICAS Y MECÁNICAS NORMALES

Sección	FORMACIÓN DE FASE	FORMACIÓN DEL NEUTRO	ESPESOR AISLAM.	ESPESOR VAINA	DIÁMETRO EXTERIOR	PESO APROXIMADO	INTENSIDAD MÁX. ADM.
[mm2]	[n° x mm]	[mm]	[mm]	[mm]	[mm]	[Kg/Km.]	[A] (1)
4 / 4	1 x 2.25	33 x 0.40	1.2	1.2	8	110	40
4 / 4	7 x 0.85	35 x 0.40	1.2	1.2	8.5	130	41
6 / 6	7 x 1.05	32 x 0.50	1.2	1.2	9.3	150	55
10 / 10	7 x 1.35	35 x 0.60	1.2	1.2	10.5	240	70

(1) Valores para cables con una temperatura ambiente de 40 °C y 90 °C en el conductor; expuestos al sol.

TABLA 2.10
COEFICIENTES DE CORRECCIÓN DE LA INTENSIDAD ADMISIBLE
EN FUNCIÓN DE LA TEMPERATURA

TEMPERATURA AMBIENTE [°C]	HASTA 25	25 HASTA 30	30 HASTA 35	35 HASTA 40	40 HASTA 45	45 HASTA 50	50 HASTA 55	55 HASTA 60
FACTOR DE CORRECCIÓN	1,22	1,22	1,15	1,00	0,91	0,82	0,70	0,58

DETERMINACIÓN DE LA SECCIÓN DE LOS CABLES

Ejemplo 3.01

Se desea alimentar un motor eléctrico de corriente alterna monofásica con arranque a condensador, cuyas características son las siguientes:

Potencia en el eje:	0,55 kW = 0,75 CV
Tensión nominal:	220 V
Corriente nominal:	5,8 A
Rendimiento:	67%
Coseno φ:	0,64
Velocidad:	1470 r.p.m.
Frecuencia:	50 Hz
Corriente de arranque:	38 A
Largo del cable:	25 m

Dicho motor se encuentra alimentado desde un tablero cuya tensión es de 3 x 380/220 V, 50 Hz.

Determinar la sección necesaria del cable de cobre, si se admite una caída de tensión máxima del 5% en funcionamiento y del 15% en el arranque.

Los cables (V, N y PE) se tenderán dentro de un caño empotrado en una pared de mampostería. Se utilizarán cables unipolares aislados en PVC con una tensión de servicio 450/750 V y serán fabricados según la norma IRAM MN 247-3 (antes IRAM 2 183). En la tabla 2.02 (Anexo 2) se dan las características eléctricas de los mismos.

Solución:

En la tabla de datos del cable antes mencionada, se puede observar que para una corriente de 5,8 A se puede utilizar sección de 1,5 mm^2, la cual admite una corriente de 15 A.

1) Pero según la RIEI, la sección mínima que se debe emplear para una línea de uso específico debe ser de 2,5 mm^2.

2) Se debe verificar que el cable con esta sección permite funcionar en marcha normal al motor con una caída de tensión menor de la exigida del 15%, o sea 33 V.
   El cable de 2,5 mm^2 tiene una corriente admisible de 21 A.
   Para calcular la caída de tensión de esta carga monofásica se empleará la siguiente fórmula reducida:

$$\Delta U = k \times I \times L \times (R \times \cos \varphi) \quad \text{[volt]}$$

En donde:

ΔU: caída de tensión en volt,

K: constante que será 2 para los sistemas monofásicos y 1,732 para los trifásicos,

I: intensidad de la corriente de la línea en ampere,

L: longitud del circuito en kilómetros,

R: resistencia eléctrica del cable a la temperatura de servicio en ohm / km, en este caso y de acuerdo a la tabla 2.02, será de 7,98 ohm/km,

$\cos \varphi$: factor de potencia de la carga. Es un dato de la carga, que para este caso vale: 0,64.

Entonces reemplazando en la fórmula anterior, tendremos:

$$\Delta U = 2 \times 5,8 \times (25 / 1\ 000) \times 7,98 \times 0,85 = 1,97 \text{ volt}$$

1,97 V $\cong$ 0,89% < 5%, por lo tanto se está en buenas condiciones

3) Dado que la corriente de arranque del motor es de 30 A y la admisible del cable es de 21 A, se hace necesario elegir una sección mayor que pueda conducir esta corriente. De la tabla N° 2.02, una sección de 6 mm^2 tiene una corriente admisible de 36 A y una resistencia de 3,30 ohm/km.

4) Corresponde verificar la caída de tensión en el arranque, de modo que tendremos:

$$\Delta U = 2 \times 30 \times (25 / 1000) \times 3{,}30 \times 0{,}30 = 1{,}48 \text{ volt}$$

1,48 V = 0,67% < 5% por lo tanto se está en buenas condiciones.

5) La sección del cable que se adopta es de 6 mm^2.

Ejemplo 3.02

Se desea alimentar un motor eléctrico de corriente alternada trifásico con rotor en cortocircuito cuyas características son las siguientes:

Potencia en el eje:	5,5 kW h 7,5 CV
Tensión nominal:	3 x 380 V
Corriente nominal:	12 A
Rendimiento:	85%
cos φ:	0,82
Velocidad:	1500 r.p.m.
Frecuencia:	50 Hz
Corriente de arranque:	72 A
Sistema de arranque:	directo
Largo del alimentador:	50 metros

Este motor se pretende alimentarlo desde un tablero cuya tensión es de 3 x 380/220 V, 50 Hz.

Un cable multipolar (R, S, T y PE) se tenderán dentro de un caño de hierro, del tipo semi-pesado, el cual a su vez está embutido en una pared de mampostería. Se admite como temperatura ambiente 40 °C.

El cable a utilizar tendrá conductores de cobre aislados en PVC con una tensión de servicio máxima de 1,1 kV. Fabricado y ensayado según las normas IRAM 2 178. En la tabla 2.03 del Anexo 2 se dan las características.

La caída de tensión admitida en funcionamiento normal es del 5%, y del 15% para el arranque. Se deberá determinar la sección de los cables para que se cumpla lo antedicho.

Solución

1) De la tabla 2.03 para la corriente nominal de 12 A se obtiene una sección de 1,5 mm^2 cuya corriente admisible es de 15 A. Esta corriente está dada para cables multipolares en aire y dado que el cable está tendido en una cañería, corresponde disminuir su capacidad en un 20%, con lo cual la corriente admisible pasará a ser de 12 A.

Como la temperatura ambiente coincide con la de los datos del cable no es necesario efectuar corrección alguna.

Esta sección elegida en realidad es menor que la establecida como mínima de 2,5 mm^2.

2) Se debe verificar que el cable elegido con esta sección (2,5 mm^2), permite funcionar en marcha normal al motor (12 A) con una caída de tensión menor de la exigida del 15%, o sea 33 V.

La caída de tensión será:

$$\Delta U = k \times I \times L \times (R \times \cos \varphi + X \times \operatorname{sen} \varphi) \quad [\text{volt}]$$

En donde:

ΔU: caída de tensión en volt,

K: constante que será 2 para los sistemas monofásicos y 1,732 para los trifásicos,

I: intensidad de la corriente de la línea en ampere,

L: longitud del circuito en kilómetros,

R: resistencia eléctrica del cable a la temperatura de servicio en ohm/km,

X: reactancia de los cables en ohm/km,

φ: ángulo de desfasaje entre la tensión y la corriente,

cos φ: factor de potencia.

El factor de potencia en los circuitos utilizados depende de la carga conectada. A falta de valores precisos se pueden tomar los siguientes:

- cargas comunes: cos φ = 0,85 y sen φ = 0,53,
- durante el arranque de los motores: cos φ = 0,30 y sen φ = 0,95.

Entonces reemplazando, tendremos:

$$\Delta U = 1,732 \times 12 \times 0,05 \times (0,478 \times 0,85 + 0,005 \times 0,53) = 0,21 \text{ volt}$$

0,21 V = 0,06% < 5% por lo tanto se está en buenas condiciones

3) Dado que la corriente de arranque del motor es de 72 A y la admisible del cable es de 21 A, se hace necesario elegir una sección mayor que pueda conducir esta corriente. De la tabla N° 2.03, una sección de 25 mm^2 tiene una corriente admisible de 86 A con un cable tendido en aire, al estar tendido en un caño la capacidad se reduce en un 20% con lo cual la corriente admisible será de 68,80 A.

4) Corresponde ahora verificar la caída de tensión en el arranque, de modo que tendremos, teniendo en cuenta los parámetros que corresponden a la sección de cable anterior:

$$\Delta U = 1,732 \times 72 \times 0,05 \times (0,044 \times 0,30 + 0,004 \times 0,95) = 0,10 \text{ volt}$$

0,10 V ≡ 0,03% < 5% por lo tanto se está en buenas condiciones

5) La sección del cable que se adopta es de 25 mm^2.

Ejemplo 3.03

Se desea alimentar con energía eléctrica a un motor de corriente alternada con rotor en cortocircuito o "jaula de ardilla" cuyas características son:

Potencia en el eje:	7,5 kW h 10 CV
Tensión nominal:	3 x 380 V
Corriente nominal:	15,5 A
Rendimiento:	88%
cos φ:	0,83
Velocidad:	1450 r.p.m.
Frecuencia:	50 Hz
Corriente de arranque:	96 A
Sistema de arranque:	directo
Largo del alimentador:	25 metros

El motor estará alimentado desde un tablero cuya tensión es 3 x 380/220 V.

Se prevé realizar la alimentación mediante el empleo de un cable del tipo energía con conductores de cobre directamente enterrado.

El cable es fabricado y ensayado de acuerdo con la norma IRAM 2 178 con una tensión de servicio máxima de 1,1 kV.

En la tabla 2.03 del Anexo 2.4 se dan las características fundamentales de este tipo de cable.

Se deberá determinar la sección de los conductores del cable.

Solución

1) De la tabla antes mencionada y para una sección de 2,5 mm^2 (mínima exigida) la corriente admisible para cable multipolar tendido directamente enterrado es de 35 A.

2) Debemos verificar la caída de tensión en funcionamiento normal (I = 15,5 A), pero como se puede apreciar la distancia es corta y no tendrá mucha influencia, por lo que se pasará a verificar la caída de tensión para el momento del arranque, es decir, cuando la corriente se eleva a 96 A. Esto nos dice que debemos buscar una sección mayor, por ejemplo de 16 mm^2, que admite una corriente de 94 A. Verificamos la caída de tensión en el arranque

$$\Delta U = 1,732 \times 96 \times 0,025 \times (0,022 \times 0,30 + 0,0020 \times 0,95) = 0,035 \text{ volt}$$

0,035 V = 0,03% < 5% por lo tanto se está en buenas condiciones.

3) La sección adoptada para la línea de alimentación es de 16 mm^2.

SISTEMA AWG

Las siglas **AWG** significan en inglés American Wire Gauge y es un calibre de alambre estadounidense (creado en 1856), que emplea el NEC (National Electric Code) y que es utilizado para definir los diámetros de los conductores.

Este sistema establece 44 secciones AWG, las cuales van desde la más grande **4/0** o **0000** a la más chica con **40**, de modo que cuanto más alto es este número, más fino es el alambre y viceversa.

Para efectuar las equivalencias al sistema métrico se hace necesario emplear fórmulas, pero en general resulta más práctico y simple recurrir a tablas de equivalencias. La Tabla 4.01 muestra en forma reducida tales equivalencias.

A partir de la sección **AWG** 4/0 o 0000 continúan las que son mayores; se identifica con **MCM** (Mil Circular Mils) a partir de los 250 y llegan a 1 000 MCM como muestra la Tabla 4.02.

Mil Circular es una unidad de área igual al área de un círculo que tiene como diámetro un **mil**, siendo esta a su vez una milésima de pulgada (inch) (Figura 4.01).

Algunos cables se identifican con la sigla **MCM** y otros con **KCMil**. Ambas codificaciones representan lo mismo, o sea que será la sección de los cables expresada en miles de **Mils** circulares (donde **K** es el símbolo para 1 000, la **C** representa el símbolo de circular y la **M** final representa "Mils"). **Mils** es la medida de **1/1 000 inch**, es decir que representa la 1/1 000 parte de 1 pulgada (inch).

TABLA 4.01
EQUIVALENCIAS DE AWG

AMERICAN WIRE GAUGE	DIAMETROS		SECCIÓN
	DIÁMETRO	DIÁMETRO	CROSS SECTIONAL AREA
[AWG]	(inches)	(mm)	(mm²)
0000 o 4/0	0.4600	11.68	107.16
000 o 3/0	0.4096	10.40	84.97
00 o 2/0	0.3648	9.27	67.40
0 o 1/0	0.3249	8.25	53.46
1	0.2893	7.35	42.39
2	0.2576	6.54	33.61
3	0.2294	5.83	26.65
4	0.2043	5.19	21.14
5	0.1819	4.62	16.76
6	0.1620	4.11	13.29
7	0.1443	3.67	10.55
8	0.1285	3.26	8.36
9	0.1144	2.91	6.63
10	0.1019	2.59	5.26
11	0.0907	2.30	4.17
12	0.0808	2.05	3.31
13	0.0720	1.83	2.63
14	0.0641	1.63	2.08
15	0.0571	1.45	1.65
16	0.0508	1.29	1.31
17	0.0453	1.15	1.04
18	0.0403	1.02	0.82
19	0.0359	0.91	0.65
20	0.0320	0.81	0.52

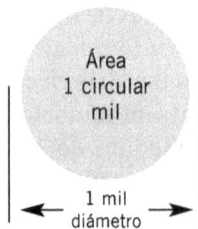

Área
1 circular
mil

1 mil
diámetro

Figura Nº 4.01

TABLA N° 4.02
EQUIVALENCIAS ENTRE MCM Y mm2

MCM	SECCIÓN [mm²]	MCM	SECCIÓN [mm²]
250	127,0	800	405,4
300	152,0	900	456,0
350	177,3	1000	506,7
400	202,7	1250	633,4
500	253,4	1500	760,1
600	304,0	1750	886,7
700	354,7	2000	1013
750	380,0		

Nota:

Una regla nemotécnica: dada el área en **MCM**, si se divide por 2, aproximadamente da un valor de los mm².

Fuente: "Interpreting the Nacional Electric Code". Based on the 2005 National electric code.

Figura N° 4.02 Calibre para determinar los diámetros AWG

FABRICACIÓN DE CONDUCTORES Y CABLES

5.01. INTRODUCCIÓN

Dada la temática del libro resulta interesante tener alguna noción de los aspectos o procesos productivos de la fabricación de los conductores y cables. En primer término veremos los destinados a la producción de los conductores y luego el de los cables; en ambos casos se trata de una breve descripción general.

5.02. FABRICACIÓN DE LOS CONDUCTORES

A continuación se hará referencia a los más empleados, dejando de lado los especiales o particulares en razón de que no se tratarán en esta publicación.

5.02.01. Conductores de cobre

Una vez que se transformó el mineral de cobre en metal de acuerdo con el procedimiento más adecuado, según la composición del primero, se obtiene el denominado alambrón, que es un alambre cuyo diámetro aproximado es de 10 mm o más, y que se presenta en forma de rollos.

Este alambrón se procesará mediante la utilización de una máquina llamada trefiladora, la cual en sucesivas trefilas va reduciendo el diámetro hasta llegar al deseado para formar la cuerda del cable. El alambre así obtenido se enrolla en bobinas que luego se introducen en otra máquina denominada cableadora o trenzadora. En ella, mediante la rotación de estas bobinas (en número acorde a la cuerda fabricada) alrededor de un alambre central, se forma el conductor.

5.03. FABRICACIÓN DE LOS CABLES

A partir del conductor formado por las cuerdas que correspondan según la clase, se lo dotará de la correspondiente aislación. La aplicación del aislante sobre el conductor se hace mediante un proceso continuo de fabricación denominado moldeo por extrusión. Este procedimiento se podría describir de la siguiente manera: un cilindro que es calentado exteriormente contiene en su interior un tornillo sinfín del mismo largo que el cilindro, el cual es impulsado por un motor eléctrico de velocidad variable, al que se le introduce la carga de plástico en polvo a través de una tolva; ya en el interior del cilindro, esta es plastificada por la acción del calor y a su vez forzada a avanzar por el movimiento del tornillo sinfín hacia el extremo opuesto de donde se hace la introducción. Este último se remata con una boquilla de forma adecuada y le da la forma cilíndrica que adopta el aislante plástico alrededor del conductor. A la salida de la boquilla el plástico está caliente y blando, se deposita sobre el conductor que va saliendo desde el centro del tornillo sin fin, luego de lo cual mediante un sistema adecuado se procede a enfriarlo convenientemente de acuerdo con el tipo de que se trate.

Cuando el cable es multipolar este procedimiento se repite con todos los cables individuales para formar el conjunto.

5.04 ENSAYOS

Durante el proceso de fabricación, y de acuerdo con las normas de calidad sobre las cuales se hace la fabricación, a la finalización de las distintas fases de la fabricación tanto el conductor como el aislamiento son sometidos a los denominados controles intermedios. Luego de concluida la fabricación se hacen los ensayos finales para verificar que los parámetros característicos son los que indica la norma de fabricación respectiva (IRAM, IEC, etc.)

Estos últimos se dividen en: **ensayos de rutina, especiales** y **de tipo**.

Los primeros se efectúan sobre los tramos de cable terminado. Tienen por finalidad demostrar que el conductor y el aislamiento están en buen estado.

Los ensayos especiales, en cambio, se realizan sobre un número determinado de muestras extraídas del cable ya fabricado. Su finalidad es la de comprobar que el cable responde a las especificaciones de diseño.

Para el caso de los ensayos de tipo se realizan sobre el cable antes de su comercialización con el fin de demostrar que las características de servicio son satisfactorias para la realización prevista.

Una vez realizados, no es necesario repetirlos a menos que se introduzcan modificaciones en los materiales o en la construcción del cable.

Ensayos de rutina
a) Medida de a resistencia eléctrica de los conductores.
b) Ensayo de tensión.
c) Ensayo de descargas parciales.

Ensayos especiales por muestreo
a) Examen del conductor.
b) Verificación de las dimensiones.
c) Ensayo eléctrico.
d) Ensayo de alargamiento en caliente (XLPE).
e) Propiedades físicas y químicas del aislamiento y envoltura.

Ensayos de tipo
* Son ensayos eléctricos sobre muestras del cables (10 a 15 m) y comprenden la realización de los siguientes:
* Descargas parciales.
* Doblado seguido de uno de descargas parciales.
* Medición de la tangente de delta como una función de la tensión y medición de la capacitancia.
* Medición de la tangente de delta como una función de la temperatura.
* Ciclos de calentamiento.
* Tensión de impulso.
* De alta tensión en corriente alterna.

- No eléctricos, para poner a prueba las características dimensionales, mecánicas, físicas y químicas de todos los elementos del cable.

CABLES PARA CALEFACCIÓN

6.01. INTRODUCCIÓN

Aunque los cables para calefacción no son de aplicación masiva, se los usa en determinados sectores de las industrias y en variadas aplicaciones. Se pueden utilizar en regiones del país con climas rigurosos en cuanto a las bajas temperaturas reinantes.

En el primer caso es una necesidad de un determinado proceso, mientras que en el segundo puede ser por confort o seguridad.

A continuación se hará un esbozo de este tema (no simple, por cierto) a los fines de introducir al lector. Es preciso señalar que este sistema se encuentra también en la bibliografía o catálogos con el nombre de **traceado** (trace heating heather cable) o **tracing**.

6.02. APLICACIONES

Las bajas temperaturas ambientales hacen que ciertos procesos productivos se vean seriamente afectados, tal como le ocurre al organismo de los seres vivos que habitan regiones geográficas que están sometidas a la rigurosidad del clima durante una parte del año o siempre.

Las necesidades son innumerables, como el lector ya estará vislumbrando; aquí solo se hará referencia a algunas de ellas, las cuales seguramente serán asociadas a las distintas situaciones que a cada uno se les pueda plantear.

Básicamente el tema consiste en suministrarle una cantidad de calor a un aparato, dispositivo o medio que puede ser afectado por la

155

baja temperatura, mediante un determinado tipo de cable que está necesariamente asociado a un sistema de control.

Comenzaremos con los ejemplos de procesos:

- ciertos fluidos necesitan estar a determinadas temperatura para poder circular sin dificultades a través de tuberías o cañerías, para lo cual se hace necesario un cambio de su viscosidad, lo cual se logra suministrándole calor;
- la baja temperatura afecta el normal funcionamiento de las válvulas insertas en las cañerías de los procesos de fabricación;
- los tanques en los cuales se almacena un fluido pueden perder calor, lo cual puede afectar su posterior empleo.

En cuanto a otras aplicaciones que no sean del tipo de las anteriores podemos citar:

- calefaccionado de pisos en los criaderos de animales;
- calefaccionado de pisos exteriores a los fines de evitar la formación de hielo, que es resbaladizo;
- calefaccionado de techos para evitar la formación de una capa de hielo o nieve;
- cualquier otra situación relacionada con la seguridad o confort de las personas.

Estas son algunas de las aplicaciones posibles de esta tecnología denominada traceado eléctrico o bien uso de cables calefactores.

6.03. PRINCIPIO DE FUNCIONAMIENTO

Como primera premisa es necesario señalar que la cantidad de calor a suministrar por este sistema obedece a un cálculo termodinámico, ya que está relacionado con la temperatura ambiente del lugar de instalación y la que necesita el elemento en base a sus características físicas y químicas (puntos de congelamiento, viscosidad, etc.), así como también funcionales (superficie que irradia, velocidad de los fluidos, pérdidas de calor con las distancias, etc.).

Se trata de un cable de formación bipolar, con conductores metálicos que están dentro de un núcleo semi-conductor particular, el cual a su vez está recubierto con un aislante eléctrico. Tiene por encima tiene una malla de cobre estañado recubierta con una vaina externa protectora, en forma similar a otro tipo de cables. Su sección transversal resulta plana, lo cual facilita su fijación (Figura 6.01).

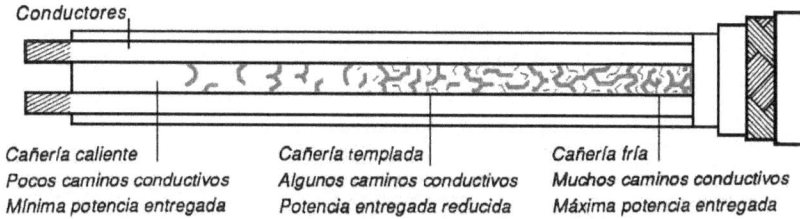

Figura N° 6.01 Esquema de un cable calefactor

Cuando se le suministra una tensión en uno de sus extremos, comienza a circular corriente eléctrica entre ambos conductores, como muestran las flechas de la Figura 6.01, con lo cual se genera el calor. La temperatura que actúa sobre el núcleo regula la cantidad de caminos que se establecen entre ambos conductores, lo cual obedece a la característica del material usado. Es así como se fabrican distintos con distintos tipos de estos, de acuerdo con los variados requerimientos que se puedan llegar a establecer.

Los rangos de temperatura van desde los -20 °C a los 10 °C en varios rangos. En cuanto a largo de los mismos, los fabricantes lo proveen en rollos o bobinas de varias longitudes.

El extremo del cable se conecta a una caja de conexiones en donde recibe la energía eléctrica proveniente del tablero de control y protección, siendo su alimentación en 220 V 50 Hz.

Figura N° 6.02 Aplicación de un cable calefactor a una válvula

OTROS TÍTULOS DEL MISMO AUTOR

SEGURIDAD E HIGIENE: RIESGO ELÉCTRICO E ILUMINACIÓN

Este libro expone a través de sus páginas los aspectos referentes a la seguridad e higiene desde el punto de vista de la electricidad y de sus manifestaciones. Se han desarrollado los temas que hacen a la protección de las persona y de sus bienes, a través de la aplicación de la tecnología disponible en el marco de las reglamentaciones y normas vigentes.

La imprescindible utilización de la energía eléctrica mediante las instalaciones eléctricas hace que las mismas deban reunir importantes características funcionales que no pueden estar despojadas de los aspectos relacionados con la seguridad de quienes la operan, debiéndose reconocer que una parte de esa utilización es en los sistemas de iluminación, los cuales al sufrir las inevitables interrupciones de sus alimentaciones, acarrean inconvenientes de magnitud que deben ser salvados a fin de evitar accidentes.

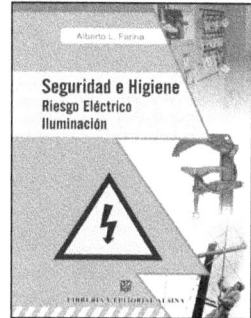

INTRODUCCIÓN A LAS INSTALACIONES ELÉCTRICAS DE LOS INMUEBLES

Es un libro para estudiar cómo se proyectan y ejecutan las instalaciones eléctricas de los inmuebles destinados a las viviendas, oficinas y locales, de acuerdo con los nuevos elementos, tecnología y reglamentación de la República Argentina.

En él se desarrollan los esquemas básicos de los circuitos para los inmuebles antes mencionados y además los distintos componentes que son necesarios para su materialización práctica.

Se trata de un publicación escrita con un lenguaje simple que, sumada a los esquemas y dibujos, permiten su completa comprensión. También son tratados algunos aspectos que hacen a la seguridad de las ejecuciones anteriores.

Por el contenido de su información se lo puede categorizar como un manual, lo cual seguramente ayudará a los que trabajan con las instalaciones eléctricas o bien a quienes tengan que supervisarlas.

La larga experiencia profesional y docente del autor es lo que ha posibilitado la materialización de este libro. Es necesario hacer hincapié en que se trata de *un libro argentino hecho por argentinos.*

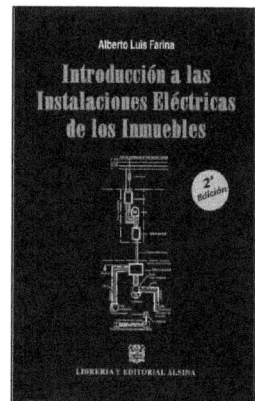

www.ingramcontent.com/pod-product-compliance
Lightning Source LLC
Chambersburg PA
CBHW072253270326
41930CB00010B/2369